STEVEN DERIX UND MARINA SHELKUNOVA

SELENSKYJ

Die ungewöhnliche Geschichte
des ukrainischen Präsidenten

INHALT

Einleitung — 7

Kapitel 1: Al Pacino — 13

Kapitel 2: Böse Nachbarn — 29

Kapitel 3: Die Humorfabrik — 47

Kapitel 4: Majdan — 65

Kapitel 5: Diener des Volkes — 83

Kapitel 6: Das Turboregime — 107

Kapitel 7: Konfrontation — 131

Kapitel 8: Kriegspräsident — 153

Nachbemerkung — 171

Literaturverzeichnis — 173

EINLEITUNG

Wladimir Putin unterschätzt seine Gegner nur selten. Während seiner Ausbildung an der KGB-Schule in Leningrad wurde ihm beigebracht, detaillierte Dossiers über Zielpersonen anzulegen, egal ob es sich um russische Dissidenten oder Apparatschiks der SED in der DDR handelte.

Bevor er sich mit jemandem trifft, erstellt Putin eine Stärken-Schwächen-Analyse seines Gesprächspartners. Bei seinem ersten Besuch in den Vereinigten Staaten wickelt er den amerikanischen Präsidenten und Methodisten George W. Bush mit frommen Geschichten über seine Taufe in der russisch-orthodoxen Kirche um den Finger. Ein sichtlich erfreuter Bush erzählt anschließend, dass er »in die Seele« des ehemaligen KGB-Offiziers geschaut habe. Als die deutsche Bundeskanzlerin Angela Merkel 2007 Sotschi besucht, um über Energiepolitik zu sprechen, lässt Putin seinen schwarzen Labrador Konni herein. Merkel – die Angst vor Hunden hat – traut sich kaum, sich zu bewegen. Putin dominiert das Gespräch.

Wladimir Putin überlegt sich auch genau, wie er über Menschen spricht. Der russische Präsident ist sich der politischen Anziehungskraft von Alexej Nawalny nur allzu bewusst. Deshalb wird der Name des russischen Oppositionsführers nie über seine Lippen kommen – auch nicht, nachdem Nawalny seit Januar 2021 in einer Zelle eingesperrt ist. Putins Sprecher, Dmitri Peskow, nennt ihn stets nur »diesen Blogger«, wenn er sich auf Nawalny bezieht.

Im April 2019 wird Wolodymyr Selenskyj im zweiten Wahlgang mit fast drei Vierteln der Stimmen zum sechsten Präsidenten der Ukraine gewählt.

Einen Monat später ist der russische Präsident zu Gast auf dem Weltwirtschaftsforum in Sankt Petersburg, fünf Jahre nach der Annexion der Krim und dem Absturz von Flug MH17. Im Osten der Ukraine kommt es weiterhin täglich zu Schusswechseln zwischen der ukrainischen Armee und prorussischen Separatisten.

»Warum haben Sie Wolodymyr Selenskyj nicht gratuliert, als er Präsident wurde?«, fragt die Moderatorin.

Putin seufzt tief. Die russischen Beamten und Geschäftsleute im Saal stoßen sich gegenseitig an: Das verspricht lustig zu werden.

»Wissen Sie«, sagt Putin, »er bedient sich immer noch einer gewissen Rhetorik. Er bezeichnet uns als ›Feinde‹, ›Aggressoren‹. Vielleicht sollte er erst einmal darüber nachdenken, was er erreichen will, was er tun will.«

Putin hat den Namen Selenskyj bis dahin nicht in den Mund genommen.

»Sie sind der Präsident einer Großmacht«, fährt die Moderatorin fort, »und er ist derzeit in seinem Land sehr beliebt. Sie könnten beide Tabula rasa machen. Eine kleine Geste könnte den Lauf der Geschichte völlig verändern. Warum treffen Sie sich nicht einfach mit ihm?«

Putin schaut fragend in den großen Saal, bis das Kichern der Beamten und Geschäftsleute verstummt ist.

»Habe ich Nein gesagt?«, entgegnet Putin. Mit einem falschen Lächeln fügt er hinzu: »Niemand hat mich eingeladen.«

»Sind Sie bereit für ein Treffen?«

Putin scheint nun wirklich amüsiert zu sein. »Hören Sie, ich kenne diesen Herrn nicht. Ich hoffe, dass wir uns eines Tages kennenlernen können. Soweit ich das beurteilen kann, ist er eine Größe auf seinem Gebiet, ein guter Schauspieler.«

Aus dem Publikum ertönen Gelächter und Beifall.

Putin fährt fort: »Ernsthaft, es ist eine Sache, jemanden zu spielen, aber es ist etwas ganz anderes, jemand zu sein.«

Die Beamten in ihren blauen Maßanzügen wissen genau, was Putin damit meint. Der 1978 geborene ukrainische Präsident Wolodymyr Selenskyj begann seine Karriere als Comedian und Kabarettist. Zwischen 2015 und 2019 war Selenskyj der Star der ukrainischen Erfolgsserie *Diener des Volkes*. Die TV-Serie dreht sich um den Geschichtslehrer Wassyl Holoborodko, der nach einem langen Unterrichtstag in eine minutenlange Tirade gegen alles, was in der Ukraine falsch läuft, ausbricht: die Korruption, die gebrochenen Wahlversprechen, die Stagnation und die Armut; die Steuererleichterungen, Datschen und Motorradeskorten der politischen Klasse.

Ein Student filmt Holoborodko und stellt das Video online. Der junge Geschichtslehrer, der bei seinen Eltern lebt, wird ermuntert, in die Politik zu gehen, gewinnt den Kampf um die Präsidentschaft mit einem Erdrutschsieg und wird das erste ukrainische Staatsoberhaupt, das mit dem Fahrrad zur Arbeit fährt. Holoborodko stellt alles auf den Kopf, und das Land steuert einer glänzenden Zukunft entgegen. Die Serie greift ein beliebtes Klischee auf: die Figur des politischen Außenseiters, der mit der »alten Politik« kurzen Prozess macht. Im Jahr 2019 geht die letzte Staffel von *Diener des Volkes* nahtlos in den Wahlkampf des künftigen Präsidenten über. Zudem wird »Diener des Volkes« (Sluha narodu) der Name von Selenskyjs Partei, die noch im selben Sommer die absolute Mehrheit in der Werchowna Rada, dem ukrainischen Parlament, erringt.

Putin hat recht: Selenskyj hatte bisher nur den Präsidenten gespielt.

Der ehemalige Showman steht nun an der Spitze eines bankrotten Landes, einer Nation, die sich im Krieg befindet, mit einem politisch-administrativen System, das bis ins Mark korrupt ist. In den dreißig Jahren ihrer Unabhängigkeit seit dem Zusammenbruch der Sowjetunion ist die Ukraine nicht in der Lage gewesen, sich aus dem Chaos zu befreien, in das sie 1991 geraten war. Selenskyj will nun all diese Probleme in einer Amtszeit von fünf Jahren lösen.

Viele glauben, er würde scheitern. Schon wenige Monate nach seiner Wahl gerät Selenskyjs Reformprogramm ins Stocken, und es kommt zu einem erbarmungslosen Kampf mit den allmächtigen Oligarchen. Um im ukrainischen *House of Cards* zu überleben, greift Selenskyj zu unkonventionellen Mitteln. Menschenrechtsorganisationen sind besorgt wegen seiner autokratischen Tendenzen. Ukrainische Patrioten befürchten, dass der neue Präsident die von Russland besetzte Krim und den Donbass aufgeben wird, um Frieden mit Moskau zu schließen. Auch bei den Staatsanwälten der Internationalen Ermittlungsgruppe, die den Absturz van Flug MH17 untersucht, erntet Selenskyj viel Kritik, als er einen wichtigen Zeugen gegen ukrainische Gefangene in Russland austauscht.

Und im September 2019 wird Selenskyj in den sich rasch ausweitenden Skandal um einen möglichen Machtmissbrauch durch US-Präsident Donald Trump verwickelt.

Während eines Telefongesprächs am 25. Juli soll Trump Selenskyj gedrängt haben, strafrechtliche Ermittlungen gegen Joe Biden, seinen Herausforderer bei der bevorstehenden US-Präsidentschaftswahl,   und dessen Sohn Hunter Biden einzuleiten. Unbewiesenen Anschuldigungen aus dem Trump-Lager zufolge soll Joe Biden als Vizepräsident unter Barack Obama auf die Entlassung des ukrainischen Generalstaatsanwalts Wiktor Schokin gedrängt haben, um die Ermittlungen gegen Hunter

Biden und dessen Arbeitgeber, den ukrainischen Gaskonzern Burisma, zu stoppen.

Laut Trump ist an dem Telefonat mit Selenskyj nichts auszusetzen. Um dies zu untermauern, veröffentlicht das Weiße Haus die Abschrift des Gesprächs zwischen den beiden Präsidenten.

»Wir arbeiten sehr hart daran, den Sumpf in unserem Land trockenzulegen«, sagt der ukrainische Präsident und wiederholt damit Trumps Wahlkampfslogan »Drain the swamp«. »Wir beschäftigen viele junge Leute, nicht die alten Politiker, weil wir eine neue Art von Regierung haben wollen. Sie sind für uns ein großer Lehrer.«

Das russische Staatsfernsehen – das vollständig vom Kreml kontrolliert wird – bezeichnet Selenskyj immer wieder als Clown. Im Sommer 2021 wird Putin während seiner jährlichen großen Pressekonferenz (die im Fernsehen als *Direkter Draht zu Wladimir Putin* ausgestrahlt wird) vor der russischen Bevölkerung gefragt, ob er sich endlich mit Selenskyj treffen werde. Das ergebe keinen Sinn, erklärt Putin dem Publikum. Selenskyj habe »die Führung seines Landes vollständig in die Hände von Ausländern gelegt«, so der russische Präsident. »Über das Schicksal der Ukraine wird nicht in Kiew, sondern in Washington entschieden.«

Gut möglich, dass Putin dies wirklich geglaubt hat.

Am 24. Februar 2022 startet Putin eine groß angelegte Invasion in die Ukraine. Als russische Truppen aus mehreren Richtungen in das Land eindringen, rücken Panzer schnell auf Kiew vor. Sobald Selenskyj und seine Regierung beseitigt seien, so das Kalkül des Kremls, werde sich die übrige Ukraine schnell der russischen Ordnung fügen.

Doch Putins Blitzkrieg endet mit einem Fehlschlag. Nach einem Monat der Kämpfe sind Tausende russische Soldaten gefallen, aber Moskau konnte keine einzige Großstadt in der Ukraine erobern. In den von Russland besetzten Gebieten gehen die Ukrainer mit blau-gelben Nationalflaggen auf die Straße, auch in Städten wie Cherson und Melitopol, die traditionell russischsprachig sind. Charkiw, die nordöstlich an der russischen Grenze gelegene zweitgrößte ukrainische Stadt, in der noch 2014 große Demonstrationen für die Abspaltung von Kiew stattfanden, verteidigt sich ebenfalls hartnäckig gegen den Aggressor.

Am zweiten Tag des Krieges in der Ukraine wendet sich Wladimir Putin in einer Fernsehansprache an die ukrainische Armee. Der russische Präsident sieht blass aus, sein Ton ist grimmig. »Lassen Sie nicht zu, dass Neonazis Ihre Kinder, Frauen und ältere Menschen als lebende Schutzschilde benutzen«, sagt er. »Nehmen Sie die Macht in Ihre Hände. Ich denke, dass wir mit Ihnen leichter Vereinbarungen treffen können als mit dieser Bande von Drogenabhängigen und Neonazis, die Kiew in Besitz genommen hat und das gesamte ukrainische Volk als Geisel hält.«

Warum Putin glaubt, dass irgendjemand in den ukrainischen Streitkräften seiner Rede Gehör schenken würde, ist ein Fall für die Historiker, die sich in der Zukunft mit dem größten Krieg in Europa seit 1945 beschäftigen werden.

Dass Putin Selenskyj – und mit ihm das gesamte ukrainische Volk – unterschätzt hat, steht jedoch fest. An jenem Abend, an dem Putin seine Ansprache an die ukrainische Armee hält, nimmt Selenskyj im Zentrum von Kiew ein kurzes Video mit seinem Mobiltelefon auf. Der ukrainische Präsident ist in Armeegrün gekleidet, umringt von seinem Kabinett. »Ich wünsche allen einen schönen Abend«, sagt Selenskyj. »Der Präsident steht hier. Unsere Soldaten stehen hier, zusammen mit unserer gesamten Gesellschaft. Wir verteidigen unsere Unabhängigkeit, unsere Nation. Es lebe die Ukraine!«

Kapitel 1

AL PACINO

Marjana (17) und Jana (18) können in einem Café im Herzen von Charkiw bereits einen kurzen Blick auf ihren Helden erhaschen. Danach versuchen sie es vor den Garderoben – ohne Erfolg. Lange vor Beginn der Vorstellung setzen sich die Mädchen in der Aula in die erste Reihe, VIP-Plätze.

Es ist der 10. September 2002, auch in der Ukraine steigt die Zahl der Internetanschlüsse explosionsartig an. Bis zum Ende des Jahres werden etwa 2,5 Millionen der 48 Millionen Einwohner des Landes online sein. Marjana Belej gehört zu den Early Adopters: Sie veröffentlicht im Internet lyrische Berichte über die Auftritte ihrer Lieblingskabarettgruppe, die von einem jungen jüdischen Mann aus der Provinzstadt Krywyj Rih geleitet wird. Marjana ist nicht die Einzige: In der ganzen Ukraine und auch in Russland schreiben Mädchen im Teenageralter im Internet über Wolodymyr Selenskyj.

Vierzig Minuten lang sitzen Marjana und ihre Freundin angespannt da und warten, bis endlich Musik ertönt, Applaus folgt. Danach schreibt sie: »Everybody's Darling Wowa Selenskyj erschien auf der Bühne, und die Show begann.«

Marjana kennt das Programm auswendig: Es ist das dritte Mal, dass Kwartal 95 es in ihrer Stadt aufführt. Kwartal 95 spielt bekannte Sketche wie »Spanischer Tanz«, »Der

Manualtherapeut« und »Der Schauspieler«. Es sind körperbetonte, clowneske Nummern: In schwarzen T-Shirts und schwarzen Lederhosen flitzen die Schauspieler über die Bühne.

Der strahlende Mittelpunkt ist ein schlanker junger Mann mit tiefschwarzem Haar, einem scharf geschnittenen Gesicht und einer rauen Bassstimme, die nicht zu seiner kleinen Statur passen will. Auf den ersten Blick gleicht Wolodymyr Selenskyj dem jungen Al Pacino; seine Mimik ähnelt manchmal der von Rowan Atkinson, dem Mann hinter seiner weltberühmten Figur Mr. Bean.

Der Humor von Kwartal 95 trifft die Erwartungen des Publikums. Zehn Jahre nach dem Ende der Sowjetunion liegen die Normen und Werte der sozialistischen Utopie in Trümmern, aber die liberale Gesellschaft steckt noch in den Kinderschuhen. Überall in der Ukraine wird die Regierung leidenschaftlich kritisiert, aber über Sex wird immer noch getuschelt. Wenn Selenskyj darauf anspielt, liegt ihm der Saal zu Füßen.

»Wir haben gelacht und gelacht und nochmals gelacht«, schreibt Marjana in ihrem Bericht. »Aber dann ertönte das letzte Lied, und mein Herz stand still. Das Publikum brach in frenetischen Beifall aus.«

Der vierundzwanzigjährige junge Mann auf der Bühne, Wolodymyr Oleksandrowytsch Selenskyj, stammt aus einer Familie assimilierter Juden. Als Nazi-Deutschland 1941 in die Sowjetunion einmarschierte, ging Großvater Semen Selenskyj mit seinen drei Brüdern an die Front. Nur Hauptmann Semen kehrte – verwundet – nach Krywyj Rih zurück. Semens Eltern waren umgekommen, als die Nazis ihr Dorf niederbrannten.

Nach seiner Wahl zum Präsidenten der Ukraine werden Selenskyj viele Fragen zu seiner jüdischen Herkunft gestellt. Er tut sie höflich ab. »Wir waren eine ganz normale sowjetische jüdische Familie«, sagt Selenskyj 2020 in einem Interview mit *The Times of Israel.* »Die meisten jüdischen Familien in der Sowjetunion waren nicht religiös.«

Die Eltern von Selenskyj sind typische Vertreter der sowjetischen Intelligenzija. Vater Oleksandr war Mathematiker und zuletzt Professor für Kybernetik, Mutter Rymma Ingenieurin, bis sie ihren Beruf aus gesundheitlichen Gründen nicht mehr ausüben konnte.

Wolodymyr wird 1978 geboren. In den frühen 1980er-Jahren ziehen die Selenskyjs in die Mongolei, wo Oleksandr Direktor eines Bergbauunternehmens wird. Rymma kann sich nicht an das raue Klima mit den extremen Temperaturschwankungen gewöhnen und kehrt nach vier Jahren mit dem kleinen Wolodymyr nach Krywyj Rih zurück, Oleksandr aber bleibt: »Mein Vater hat fast zwanzig Jahre lang in der Mongolei gearbeitet«, wird Selenskyj später erzählen. »Er hat der Mongolei alles gegeben: Gesundheit, Intellekt und vor allem Zeit. Zeit, die er für mich nicht hatte.«

Rymma und Wolodymyr ziehen in eine einfache sowjetische Wohnung im Zentrum von Krywyj Rih. Schwarz-Weiß-Fotos aus dieser Zeit zeigen einen Jungen mit dunklen Augen und langen schwarzen Wimpern. Auf einem Foto hält Rymma ihn stolz auf ihrem Arm. Mutter und Sohn ähneln einander sehr.

Wolodymyr wird von seiner Mutter und seiner Großmutter aufgezogen. »Meine Mutter ruft mich jeden Tag an«, sagt Selenskyj einmal. Und Wowa nimmt das Gespräch immer an. Tut er das einmal nicht, versucht Rymma es noch zehnmal.

Die Industriestadt, in der Selenskyj aufwächst, ist nicht besonders geschichtsträchtig. Krywyj Rih bedeutet wörtlich übersetzt »krummes Horn« – eine Anspielung auf die scharfe Biegung des Flusses Inhulez, der sich durch die Steppe schlängelt, bis er in den mächtigen Dnjepr mündet. Erstmals erwähnt wird der Ort in einem Dokument aus dem Jahr 1739, in dem Krywyj Rih als eine Ansammlung von Dörfern und Winterlagern der Kosaken beschrieben wird, die zu dieser Zeit die Steppe beherrschen. In der zweiten Hälfte des 18. Jahrhunderts werden die Südukraine und die Schwarzmeerregion vom Russischen Reich kolonisiert. Nach dem Russisch-Türkischen Krieg von 1768 bis 1774 wird auf Anordnung der russischen Behörden eine Poststation in Krywyj Rih errichtet. Lange Jahre bleibt es vornehmlich eine Militärsiedlung.

Dies ändert sich mit der Entdeckung großer Eisenerzvorkommen. Aus dem Krummen Horn wird der Krywbass: eine der größten Industrieregionen der Sowjetunion, neben dem Donbass in der Ostukraine und dem Kusbass in Sibirien. Entlang der ausgedehnten unterirdischen Eisenerzgänge werden Bergwerke und Schmelzöfen gebaut, daneben entstehen Häuser für die Arbeiter. Heute erstreckt sich Krywyj Rih mit seinen 620 000 Einwohnern über fast fünfzig Kilometer, ein endloses Band von Gebäuden zwischen Schornsteinen und Minenschächten.

Wolodymyr Selenskyj erinnert sich an das Krywyj Rih seiner Jugend als eine eher düstere Stadt. Durch die großflächige Gewinnung von Eisenerz im Tagebau werden rote Staubpartikel in die Luft geblasen, die an den Lippen und im Rachen kleben. Wenn es regnet, färben sich die Pfützen auf dem Asphalt blutrot. Der Zusammenbruch der Sowjetunion und das Ende der Planwirtschaft läuten den Niedergang der Schwerindustrie ein. Gleichzeitig floriert die Schattenwirtschaft, und die Kriminalität nimmt überhand.

Es ist nicht nur das Eisenerz, das den Asphalt rot färbt. Seit den späten 1980er-Jahren wird Krywyj Rih von Jugendbanden, im Volksmund »Runners« genannt, heimgesucht. Die Runners sind regional nach Straßen und Stadtvierteln (»Kwartaly«) organisiert und tragen seltsame Namen wie »Die Stiere«, »Die

Pferde«, »Die Neunte«, »Für Null« oder sogar »Die Kohlrouladen« – das Lieblingsessen vieler Menschen in der Ukraine und in Russland. Die Banden überfallen die Gebiete ihrer Feinde, geraten aneinander, schießen mit selbst gebauten Pistolen aufeinander und erpressen Gleichaltrige als Gegenleistung für »Schutz«. Dabei handelt es sich nicht um organisiertes Verbrechen. Die Schlägereien sind eine Art Rowdytum und bieten ein wenig Abwechslung in der Armut und Plackerei des Alltags. In einer Studie über die Runners aus dem Jahr 2020 zieht der Journalist Samuel Proskurjakow den Vergleich mit der sinnlosen Gewalt in Anthony Burgess' Roman *A Clockwork Orange*. In den rund zehn Jahren, in denen die Reiter in Krywyj Rih aktiv sind, werden achtundzwanzig Jugendliche und ein Polizist getötet. Das jüngste Opfer ist dreizehn Jahre alt.

In den frühen 1990er-Jahren ist Krywyj Rih nicht nur führend in der Jugendkriminalität. Die lokalen Mafiabosse haben eine so starke Position aufgebaut, dass die Stadt lange Zeit als das »Palermo der Ukraine« gilt. Die kommunistischen Staatsunternehmen befinden sich nun in den Händen von cleveren Männern, die das Risiko eingingen, sich zu verschulden, oder in den Händen von Banditen, die die Konkurrenz mittels Einschüchterung und Gewalt ausschalteten. Der Unterschied zwischen einem Unternehmer und einem Mafiaboss ist in Krywyj Rih manchmal schwer zu erkennen: Selbst »ehrliche« Unternehmer beschäftigen Bodyguards mit Kalaschnikows.

In dieser verarmten und von Gewalt geprägten Industriestadt wächst Wolodymyr Selenskyj auf – als Einzelkind ohne Vater. Er hat das Glück, im Kwartal 95 zu wohnen, einem der grünen Viertel im Stadtzentrum, wo die Intelligenzija lebt und die Luftqualität besser ist als in den Vororten.

Der kleine Wolodymyr ist ein kluger Schüler, aber sein erster Auftritt im Schulchor endet in einem Fiasko, wie sich die

Musiklehrerin Tetjana Solowjewa Jahre später erinnert: »Schon als kleines Kind hatte er einen tiefen Bass. Ich schwöre, er sprach mit einer Bassstimme. Ich sage: ›Okay, kommt und probt.‹ Ich ahne bereits, wie es enden wird. Also fangen die Kinder an zu singen, und er: ›Oooo, aaaah‹, und alle brüllen vor Lachen. Und dann hat er auch noch die Frechheit zu sagen: ›Worüber lacht ihr denn?‹«

Der quirlige Wowa ist am besten, wenn er sich bewegen kann: beim Ringkampf, zu dem ihn seine Mutter zwingt, damit er sich auf der Straße verteidigen kann, und beim Ballettunterricht, an dem er mit großer Hingabe teilnimmt. Als Teenager trägt Wowa Selenskyj einen Ring im Ohr, was in Krywyj Rih schnell den Verdacht aufkommen lässt, dass man homosexuell ist – ein Grund für Prügel. Um dies zu vermeiden, ist es besser, den Arm um ein Mädchen zu legen.

Wolodymyr besucht das Gymnasium Nr. 95, eine der besten Schulen der Stadt. Er hört sich die Beatles-Platten an, die die sowjetische Plattenfirma Melodija in den späten 1980er-Jahren – zur Zeit der Perestroika – veröffentlichen durfte. Als Teenager schreibt er Gedichte, Lieder und spielt Gitarre.

Selenskyj ist ein großer Fan des sowjetischen Liedermachers und Dichters Wladimir Wyssozki (1938 bis 1980). Wolodymyr (russisch: Wladimir) hat nicht nur denselben Vornamen, er wurde auch am gleichen Tag wie der große Sänger geboren: am 25. Januar. Und auch Wyssozki hatte eine tiefe, heisere Stimme.

Selenskyjs Lieblingslied von Wyssozki ist eines seiner bekanntesten, nämlich der Titelsong des berühmten Films *Vertikal* von 1967. »Lied über einen Freund« handelt von der Kameradschaft unter Bergsteigern: An den steilen Hängen des Kaukasus, wo die Alpinisten aufeinander angewiesen sind, trennt sich die Spreu vom Weizen, und man weiß, wer die wahren Freunde sind.

Der junge Selenskyj interessiert sich für Politik: Im Alter von sechzehn Jahren träumt er davon, Diplomat zu werden. Wenn er die Möglichkeit gehabt hätte, hätte er an der berühmten Moskauer Diplomatenschule MGIMO studiert, der Alma Mater des derzeitigen russischen Außenministers Sergei Lawrow und dessen aggressiver Pressesprecherin Marija Sacharowa. Doch wer kein Bestechungsgeld zahlt, wird nicht am renommierten MGIMO aufgenommen, und die Summen sind so hoch, dass der junge Selenskyj seine Pläne aufgeben muss.

Wenn ein junger Mann in seinem Alter nicht zur Universität geht, muss er Militärdienst ableisten. Doch Selenskyj sieht sich nicht als Soldat. Deshalb beginnt er mit siebzehn Jahren ein Jurastudium in Krywyj Rih. Vater Oleksandr glaubt, dass Wolodymyr ein berühmter Anwalt werden könnte, Selenskyj selbst ist weniger begeistert. »Ich wollte unbedingt in Moskau studieren«, sagte er später in einem Interview. »Als ich gerade an der Universität [in Krywyj Rih] angefangen hatte, wollte ich das Studienfach wechseln. Aber in meinem Propädeutikum bin ich beim KWN gelandet. Danach wollte ich nirgendwo anders mehr hingehen.«

Die 1990er-Jahre sind die Blütezeit der internationalen Kabarettwettbewerbe, die die Fernsehzuschauer in der gesamten ehemaligen Sowjetunion vor den Bildschirmen fesseln. Die Geschichte des KWN, Klub der Witzigen und Gescheiten (auf Russisch: Klub Wesjolych i Nachodtschiwych), reicht bis in die frühen 1960er-Jahre zurück, doch so richtig in Schwung kommt das Phänomen erst nach dem Zusammenbruch der Sowjetunion, als der Klub von dem russischen Moderator Alexandr Masljakow geleitet wird.

Obwohl sich die Nachfolgeorganisation der Sowjetunion, die Gemeinschaft Unabhängiger Staaten (GUS), als leere Hülle entpuppt, haben die ehemaligen Sowjetrepubliken immer noch eine starke gemeinsame Kultur, mit Russisch als Verkehrssprache. KWN-Teams schießen überall wie Pilze aus dem Boden: in Kasachstan, in Georgien und vor allem in Russland, in der Ukraine, in Belarus und in Armenien. Im Chaos und in der wirtschaftlichen Misere der 1990er-Jahre sind die heiteren Kabarettwettbewerbe ein wöchentliches Highlight – wenn man es denn schafft, sie zu sehen.

In Armenien ist Strom Anfang der 1990er-Jahre äußerst knapp, und das Fernsehen sendet nicht mehr als drei Stunden am Tag. »Aber jeder Armenier, der etwas auf sich hält, hatte die Videokassetten mit den Aufnahmen der KWN-Wettbewerbe«, schreibt Anna Grigorian in der Online-Publikation *Planet der Diaspora*. In armenischen Schulen und Universitäten werden ständig neue KWN-Teams von ehrgeizigen Teenagern gegründet, die davon träumen, den Durchbruch als Kabarettist zu schaffen. Da so viele Menschen daran teilnehmen wollen, werden die KWN-Wettbewerbe nach dem Vorbild von Fußballligen organisiert. Und die erste Liga spielt natürlich in Moskau.

Die KWN-Sketche haben wenig mit angelsächsischer Stand-up-Comedy zu tun, sondern eher mit dem klassischen Kabarett. Sie werden von Gruppen von Schauspielern, den Teams, aufgeführt. Gesang und Tanz sind wesentliche Elemente der Sketche. Nicht selten fehlt die Pointe, der Witz liegt stattdessen in einer Geste oder der Mimik.

In der Nummer »Zum Tanzen geboren« spielt Selenskyj einen Mann, der unter einem Zwang leidet: Er kann nicht aufhören zu swingen, selbst als er auf der Bühne von seinem Schauspielerkollegen Denis Luschtschyschyn zu seiner Störung »interviewt« wird. Selenskyjs Bewegungen sind so ansteckend, dass Interviewer Luschtschyschyn automatisch mit ihm mitgeht. Die beiden Männer tanzen Wange an Wange über die Bühne. Das Publikum brüllt vor Lachen.

»Welche Nationalität haben Sie?«, fragt Luschtschyschyn.

»Ich bin Russe«, antwortet Selenskyj, »und Sie?«

Luschtschyschyn ist erschrocken: »Sagen wir, ich komme aus der Ukraine.«

Selenskyj dreht seinen Hintern zu Luschtschyschyn, die beiden tanzen nun eng zusammen, als würden sie es im Doggystyle treiben.

»Ehrlich gesagt, hat die Ukraine Russland schon immer gefickt«, ruft Selenskyj lautstark.

»Sagen Sie mir nichts«, schreit Luschtschyschyn. »Sie verstehen nicht, was sie tun, erst fickt die Ukraine Russland ...«

Die beiden Männer tauschen ihre Positionen.

»... und dann Russland die Ukraine!«

Die Wurzeln von Selenskyjs KWN-Truppe Kwartal 95 liegen in seinem engeren Freundeskreis, den jungen Studenten, mit denen er im Sommer am Brunnen im Bohdan-Chmelnyzkyj-Park abhängt. Viele träumen von der Teilnahme an KWN-Wettbewerben im TV, aber Selenskyj wird von einem der absoluten Spitzenteams gescoutet: Saporischschja – Krywyj Rih – Transit. Die Mitglieder des Teams sind in ihren Dreißigern und suchen nach frischem Blut. Im Alter von achtzehn Jahren gibt Selenskyj sein Fernsehdebüt.

Zwei wichtige Mitglieder von Transit, Borys und Serhij Schefir, werden Selenskyjs Freunde fürs Leben. Lange Zeit teilen sich die drei nicht nur ein Büro, sondern wohnen auch direkt nebeneinander, etwas außerhalb von Kiew.

Olena Kyjaschko, eine hübsche, kurzhaarige Blondine, kennt Selenskyj aus der Schule. Eines Tages begegnet er ihr auf der Straße. Olena hält eine Videokassette mit dem Film *Basic Instinct* in den Händen. »Diesen Film wollte ich schon immer sehen«, ruft Selenskyj. »Kann ich mir die Kassette bei dir ausleihen?« Es ist ein Trick, denn Selenskyj – ein Filmfan – hat den Erotikthriller von Paul Verhoeven bereits mehr als ein Dutzend Mal gesehen. Aber jetzt hat er einen Grund, nach Olenas Telefonnummer zu fragen – wie sonst soll er die Videokassette zurückgeben?

Olena weiß, wer Selenskyj ist. Wowa und seine Freunde sind lokale Berühmtheiten, die mit ihren Auftritten Schulfeste und andere Events bereichern. »Ich hätte nicht gedacht, dass wir zusammenkommen würden«, erinnert sie sich später. »Sie hatten immer die hübschesten Mädchen um sich.« Bis zu dem Moment, in dem Selenskyj Olena seine Liebe gesteht, macht sie sich nicht viel aus ihm. Kaum ist das Paar zusammen, denkt Olena schon wieder an Trennung: »Ich hatte romantische Gefühle für jemand anderen.« Selenskyj fordert sie zu einem »sehr ernsten Gespräch« auf.

»Ich sagte, dass ich andere Pläne hätte und dass wir uns trennen sollten. Aber dann sagte er einige Dinge, die mich zum Nachdenken brachten, darüber, was ich verlieren würde.«

Olena entscheidet sich für Wowa. »Wenn er etwas will, lässt er nicht locker«, sagt sie sechzehn Jahre später – das Paar ist seit zehn Jahren verheiratet.

Als Transit 1997 zu zerfallen beginnt, formiert Selenskyj eine neue Truppe. Andere KWN-Teams stellen ihre Mitglieder sorgfältig aus verschiedenen Typen zusammen: einem Leadsänger, einem Tänzer, einem Komiker, Drehbuchautoren. Selenskyj geht es vor allem um Loyalität. Kwartal 95 ist in erster Linie eine Gruppe von Freunden, die sich zur berühmtesten ukrainischen Kabaretttruppe entwickeln wird.

Keines der Mitglieder von Kwartal 95 hat eine Ausbildung in der Unterhaltungsbranche. Olena Krawez (geboren 1977), die einzige Frau im Unternehmen, studierte Finanzwirtschaft.

Oleksandr Pikalow (geboren 1976) verdiente sein Geld als Straßenkehrer, bevor er eine Ingenieurausbildung begann. Jurij Krapow (geboren 1973) arbeitete als Elektroingenieur in Bergwerken. Der Vater von Jurij Korjawtschenkow (geboren 1974) wollte, dass sein Sohn Chirurg wird, und so arbeitete »Jusik« zwei Jahre lang als Krankenpfleger in einem örtlichen Krankenhaus. Das gefiel ihm nicht besonders.

Im Jahr 1998 nimmt Kwartal 95 an einem Wettbewerb in Sotschi, dem russischen Ferienort am Schwarzen Meer, teil. Der Überlieferung nach ist der KWN-Moderator Masljakow besonders von dem jungen Jurastudenten Selenskyj beeindruckt. Masljakow lädt Kwartal 95 zum großen Finale in Moskau ein. Kwartal 95 geht auf Tournee durch die Ukraine und Russland, der Zeitplan ist mörderisch. Tagsüber ist die Truppe oft mit Bussen auf den mit Schlaglöchern übersäten ukrainischen Straßen unterwegs. Am Abend treten sie auf. Die knappe Freizeit wird mit dem Schreiben und dem Einstudieren neuer Sketche verbracht.

Im Jahr 2001 gibt Selenskyj der sibirischen Ausgabe des *Moskowski Komsomolez*, der bekannten russischen Boulevardzeitung, ein Interview. Er hat gerade eine Tournee durch Sibirien mit Kwartal 95 beendet. Er mag das eisige Klima: »Bei uns sind die Winter grau, ohne Schnee.« Der Interviewer stellt fest, dass der junge Komiker Russisch mit einem »niedlichen Akzent« spricht.

Die überwiegende Mehrheit der über 600 000 Einwohner von Krywyj Rih sind Ukrainer, ethnische Russen sind eine Minderheit – selbst die 15 000-köpfige jüdische Gemeinde ist größer. Doch für viele ist Russisch die erste Sprache. »Wir sind in Familien aufgewachsen, in denen der Nationalismus noch keine Rolle spielte«, sagt Selenskyj in dem Interview mit dem *Moskowski Komsomolez*. »Wir sprechen Russisch. Dass andere

Ukrainisch sprechen, ist für uns in Ordnung.« Selbst im eisigen Kusbass, Tausende Kilometer von Krywyj Rih entfernt, hat der junge Selenskyj das Gefühl, in »einem Land« zu leben.

In dieser Zeit waren Selenskyj und seine Schauspielerkollegen hauptsächlich in Moskau, der Metropole, die immer noch das wirtschaftliche und kulturelle Zentrum des einstigen Sowjetimperiums ist. Der junge Komiker hält sich gerne in den berühmten Theaterakademien der russischen Hauptstadt auf. »Meine Lieblingsschauspieler sind durch diese Schulen gegangen«, sagt er 2008 in einem Interview. »Ich wollte in denselben Hörsälen sitzen und dieselben Aufgaben studieren wie sie.« Aber er hat kein Geld, um in Moskau zu studieren. Selenskyj beschließt, den Beruf in der Praxis zu erlernen. »Ich beschloss, dass ich, wenn ich keine traditionelle Theaterschule besuchen kann, die KWN-Schule besuchen würde. Dieser Weg ist zwar länger, aber nicht weniger effektiv.«

Selenskyj wird keine guten Erinnerungen an Moskau haben. »Wenn man in Moskau an die Tür klopft, macht niemand auf. Nicht einmal die eigenen Nachbarn.« Moskaus Schickeria schaut auf die Provinzler herab, die in den 1990er-Jahren in großer Zahl in die Hauptstadt gezogen sind.

Die Mitglieder von Kwartal 95 leben in der russischen Metropole, haben aber keinen festen Wohnsitz – es ist unmöglich, sich anzumelden. Selenskyj und seine Mitstreiter ziehen von dem einen Hotel in die nächste Pension. Geld ist ein ständiges Problem. »Wir waren wahrscheinlich das ärmste Team in der Geschichte des KWN«, sagt Selenskyj 2008. »Zumindest das ärmste aller Teams aus den Spielzeiten, in denen wir aufgetreten sind.«

Wenn sie auf Tournee sind, bringen sie ihr eigenes Essen mit: Speck und Kartoffeln. Oft kaufen die Schauspieler auch Instantnudeln. Selenskyj: »Wir haben in unserem Hotelzimmer auf einer elektrischen Platte gekocht, und es kam häufig vor, dass der Feueralarm losging, wenn wir Kartoffeln brieten.«

Es ist nicht so, dass mit dem äußerst beliebten KWN kein Geld zu verdienen wäre. Der Moderator und Regisseur Alexandr Masljakow ist Eigentümer der Marke und alleiniger Gesellschafter der Firma, die die Sendungen produziert. Fernsehgesellschaften aus der gesamten ehemaligen Sowjetunion zahlen viel Geld für die Übertragungsrechte. Aufgrund der hohen Einschaltquoten stehen die Sponsoren Schlange; sie werden von Masljakow gut bedient, der nicht zögert, einen bestimmten Markennamen mehrmals während der Sendung zu erwähnen. Alle Einnahmen gehen an Masljakow. Die Teilnehmer am Wettbewerb erhalten nichts – nicht einmal eine Erstattung der Reise- und Aufenthaltskosten. Die russischen Medien sprechen von der »Masljakow-Pyramide«. Die Teilnehmer nennen den Fernsehproduzenten »Seine Hoheit«. Diejenigen, die sich nicht an die Regeln halten, werden vom Wettbewerb ausgeschlossen.

Wenn Kwartal 95 unter dem KWN-Banner auftritt, muss die Truppe einen Teil der Einnahmen an Masljakow abführen – einigen russischen Medien zufolge kann dieser Anteil bis zu 40 Prozent betragen. Ein Auftritt in der Provinz bringt maximal 600 Dollar ein, eine Summe, die mit dem gesamten Team geteilt werden muss.

»Wir haben kaum genügend Geld, um unseren Lebensunterhalt zu bestreiten«, erzählt Selenskyj im Jahr 2001. »Ich habe kein Auto, ich besitze kein Haus. Ich lebe von dem Geld, das ich mit den Auftritten verdiene. Das reicht gerade eben, um weitermachen zu können.«

Da Kwartal 95 ständig Geld braucht, kann die Truppe keine externen Autoren bezahlen, wie es andere Teams tun. Sie schreiben alle Sketche selbst. Selenskyj arbeitet nachts nach den Vorstellungen, im Bus auf dem Weg zum nächsten Auftritt. In einem

Interview aus dem Jahr 2002 sagt Selenskyj, dass er beim Schreiben seiner Texte oft so sehr in seine Arbeit vertieft sei, dass er vergesse, sich zu rasieren. Auf der Straße in Moskau hält ihn die Polizei an und fragt nach seinen Papieren: Ist er ein tschetschenischer Terrorist?

Freie Zeit? »Ich habe fast vergessen, was das ist«, sagt Selenskyj. »Ich gehe gerne nach Hause, nach Krywyj Rih, zu meinen Eltern. Dort kann ich mich entspannen, alles, worüber ich mich freue, entspannt mich. Ein Sieg, zum Beispiel.«

Das einzige Hobby, das sich Selenskyj gönnt, sind Filme – um in seinem Beruf noch besser zu werden. Er habe ein klares Ziel, sagt er 2001 in einem Interview. Was dieses Ziel ist, will er nicht verraten.

Obwohl Kwartal 95 zu den besten KWN-Ensembles gehört, verpasst die Truppe mehrmals die Endrunde. »Ich spreche nicht gerne über Misserfolge«, sagt Selenskyj, als sie 2002 im Halbfinale ausscheiden. »Um zu gewinnen, müssen wir zehnmal mehr leisten als die Teilnehmer aus Sankt Petersburg oder Moskau. Wir sind einfach die Jungs aus Krywyj Rih.«

Die Jungs aus Krywyj Rih haben eine große weibliche Anhängerschaft. Rund um ihre Auftritte werden die Mitglieder von Kwartal 95 von kreischenden Mädchen verfolgt. Die meiste Aufmerksamkeit gilt dem Leiter, aber das lässt Selenskyj offenbar kalt.

Ein ukrainischer Fernsehsender veranstaltet einen Wettbewerb zum Valentinstag. Wer den schönsten Liebesbrief an sein Idol schreibt, gewinnt ein romantisches Abendessen mit dem Star.

Kateryna Derba (27) schreibt einen Brief an Selenskyj:

> Du hast in meinen Gedanken und dann in meinem Herzen gelebt. Ich habe mit aller Kraft versucht, dich zu

vertreiben, aber du wolltest nicht gehen. Ich werde wütend … Was ist los mit mir, wie kann einer erwachsenen Frau so etwas passieren?

Kateryna macht sich fieberhaft auf die Suche nach weiteren Informationen über ihren Helden. Auf Anraten ihrer Schwester durchkämmt sie die offizielle Homepage des KWN nach Neuigkeiten, alle dreiundfünfzig Webseiten. »Ich habe gesehen, dass die Menschen dich lieben und respektieren und dass sie – natürlich – neidisch sind. Im Vergleich zu den anderen sieht man sofort, welche Karriere du machen wirst.«

Kateryna Derba hat recht: Selenskyjs Stern wird aufgehen. Und als hätte sie prophetische Fähigkeiten, beschreibt sie seine Zukunft: »Ich denke, dass wir dich bald auf unseren Fernsehbildschirmen sehen werden mit der Botschaft: ›Liebe Ukrainer!‹«

Kapitel 2

BÖSE NACHBARN

Wir schreiben das Jahr 2000. Das zweite Halbfinale des ukrainischen KWN-Wettbewerbs findet im Oktoberpalast in Kiew statt. Teilnehmer: Kwartal 95, das Team Laut! aus Kiew und 4 Tatarina aus Kasan, Russland. Der Wettbewerbsteil besteht aus Improvisation: Ein Team gibt eine Vorlage, das andere Team muss die Pointe liefern.

Wolodymyr Selenskyj, damals zweiundzwanzig Jahre alt, beginnt: »Kolchosenleiter Leonid Kutschma fordert Kolchosenleiter Wladimir Putin zum Duell!«

Das Publikum beginnt, leise zu kichern.

Leonid Kutschma wurde 1999 als zweiter Präsident der Ukraine wiedergewählt. Wladimir Putin wurde am 31. Dezember 1999 nach dem überraschenden Rücktritt von Boris Jelzin Präsident der Russischen Föderation.

Team Laut! probiert eine Pointe, aber die ist nicht lustig.

»Wie würden Sie es beenden?«, fragt Moderator Alexandr Masljakow bei Kwartal 95.

Selenskyj steht hinter dem Mikrofon. »Kolchosenleiter Leonid Kutschma fordert Kolchosenleiter Wladimir Putin zum Duell! Sagt der eine Kolchosendirektor zum anderen: ›Bei uns in Russland haben wir Gas. Und was haben Sie?‹ – ›Bei uns liegt die Pipeline!‹«

Das Publikum brüllt vor Lachen. Unter Putin hat Russland einen wirtschaftlichen Wachstumsschub eingeleitet, der auf dem Export von Erdöl und Erdgas beruht. Um das Gas verkaufen zu können, muss es jedoch zunächst über ukrainisches Territorium und durch ukrainische Pipelines nach Europa transportiert werden. Für jeden Kubikmeter russisches Gas, der nach Deutschland geht, berechnet die Ukraine Transportkosten. Während der Ölpreis (und damit der Gaspreis) ab Ende der 1990er-Jahre langsam auf Rekordniveau klettert, zahlt die Ukraine für ihren Energiebedarf einen Spottbetrag.

1991 löst sich die Sowjetunion auf, und die Ukraine wird unabhängig. In Moskau haben die Menschen Schwierigkeiten, sich dieser Realität zu stellen. Innerhalb weniger Monate kommt es zu militärischen Spannungen zwischen den beiden Ländern. 1954 überführte der sowjetische Staatschef Nikita Chruschtschow die Halbinsel Krim von der Russischen in die Ukrainische Sozialistische Sowjetrepublik – eine Verwaltungsumstrukturierung, der damals niemand Bedeutung beimaß, die sich aber nach dem Zusammenbruch der Sowjetunion als folgenschwer erweist.

Die Krim mit ihrer überwiegend russischstämmigen Bevölkerung wird 1991 über Nacht Teil der Ukraine. Nach Ansicht der neuen Regierung in Kiew bedeutet dies, dass die strategisch wichtige Schwarzmeerflotte ukrainisch geworden ist. Moskau ist jedoch nicht bereit, die teuren Kriegsschiffe kampflos zu übergeben. Im Frühjahr 1992 kommt es zu Unruhen unter den Besatzungen der Schiffe im Hafen von Sewastopol. Einige Crews hissen die zaristische Andreasflagge, ein blaues Kreuz auf weißem Grund. Andere Schiffe tragen das ukrainische Blau und Gelb.

Im April 1992 fliegt der russische Vizepräsident Alexandr Ruzkoi nach Sewastopol. In einer Rede vor den Offizieren der Flotte erklärt Ruzkoi nicht nur, dass die Marineschiffe im Hafen russisch seien, sondern er geht noch einen Schritt weiter. Vielleicht habe der sowjetische Führer Chruschtschow einen Kater gehabt, als er die Krim übergab, vielleicht auch einen Sonnenstich, sagt Ruzkoi. Wie auch immer: »Die Krim muss Teil Russlands sein.«

Das ist eine ernsthafte Bedrohung. Am nächsten Tag erlässt der ukrainische Präsident Leonid Krawtschuk eine Anordnung, die die Schwarzmeerflotte unter das Kommando der Ukraine stellte. Zwei Tage später unterzeichnet der russische Präsident Jelzin seinerseits einen Ukas, der die Flotte »unter die Zuständigkeit der Russischen Föderation« stellt. Für kurze Zeit droht der »Krieg der Ukasse« zu einer echten Konfrontation zu werden.

Bis Krawtschuk mit Jelzin telefoniert. Die Präsidenten einigen sich auf einen Kompromiss. In den nächsten fünf Jahren sollen die Schiffe der Schwarzmeerflotte schrittweise aufgeteilt werden. Außerdem erhält Russland das vorläufige Recht, den Hafen von Sewastopol zu nutzen. »Jelzin war ein Imperialist, aber er wusste sehr genau, was er tun konnte und was nicht«, sagt Krawtschuk 2016 in einem Interview. »Mit ihm konnte man Vereinbarungen treffen. Hätten wir eine solche Situation mit Putin gehabt, hätte er sofort das Feuer eröffnen lassen.«

Boris Jelzin selbst drängt auf das Ende der Sowjetunion, aber viele in Moskau empfinden den Verlust des Territoriums als Demütigung, für sie ist das kaum weniger schmerzhaft als der ungewollte Abschied von der Ukraine.

Mitte der 1990er-Jahre beschreibt Zbigniew Brzezinski, Politikwissenschaftler und ehemaliger Sicherheitsberater von

US-Präsident Jimmy Carter, die Beziehungen zwischen den beiden Ländern wie folgt: »Ohne die Ukraine hört Russland auf, ein Imperium zu sein.«

Aus russischer Sicht gibt es eine gerade Linie zwischen dem Kiewer Reich (882 bis 1240), dem Russischen Kaiserreich (1721 bis 1917), der Sowjetunion (1922 bis 1991) und der Russischen Föderation. Diese russozentrische Sicht der Geschichte ignoriert die Ukraine als unabhängige Nation mit eigener Sprache und Kultur. In Moskau sagt man gerne, dass Russen und Ukrainer »Brudervölker« seien, aber die Ukraine bleibt immer der kleine Bruder.

Es besteht kein Zweifel, dass beide Nationen denselben Ursprung haben. Das Kiewer Reich oder die Kiewer Rus entstand entlang des Flusses Dnjepr, nach den gängigsten Theorien aus Siedlungen skandinavischer Händler und Krieger, die Waräger (Wikinger) oder Rus genannt wurden. Die Rus nutzte den Dnjepr als Verkehrsader zwischen der Ostsee und dem Schwarzen Meer, dem Tor zum Byzantinischen Reich. In der Nestorchronik, dem Manuskript, in dem die Geschichte der Rus um 1113 erstmals aufgezeichnet wurde, wird der Waräger Rjurik als Stammvater einer Dynastie von Kiewer Fürsten genannt. Rjuriks Nachfolger Oleg der Weise (Regentschaft 879 bis 912) eroberte Kiew, eine befestigte Siedlung am rechten Ufer des Dnjepr. Sein Enkel Wladimir der Heilige (Regentschaft 978 bis 1015) konvertierte zum Christentum. Sowohl Selenskyj als auch Putin tragen seinen Namen.

Das Kiewer Reich ist von Anfang an Fliehkräften und Machtkämpfen ausgesetzt. Neben der Hauptstadt am Dnjepr entstehen weitere wichtige Verwaltungszentren wie Nowgorod, Rostow Weliki und Wladimir – Städte, die heute zu Russland gehören. Moskau, das in der Mitte des zwölften Jahrhunderts erstmals schriftlich erwähnt wird, spielt zur Zeit des Kiewer Reichs eine untergeordnete Rolle.

In russischen Geschichtsbüchern werden die Kiewer Herrscher als die ersten russischen »Zaren« dargestellt. Aber Rjurik und seine Nachfolger waren Wikinger aus dem heutigen Schweden und sprachen Altnordisch. Die unterworfene Bevölkerung sprach Altostslawisch, aus dem später die modernen ostslawischen Sprachen hervorgingen: Weißrussisch, Ukrainisch und Russisch.

In der Mitte des zwölften Jahrhunderts ist das Kiewer Reich de facto in drei Fürstentümer aufgeteilt: die Nowgoroder Republik und das Fürstentum Wladimir-Susdal im Norden sowie das Fürstentum Galizien-Wolhynien im Westen. Ab 1237 werden die ostslawischen Fürstentümer von den Mongolen erobert. Erst im fünfzehnten Jahrhundert gelingt es dem Fürstentum Moskau, sich von der mongolischen Herrschaft zu befreien. Andere Teile der Rus werden vom Großfürstentum Litauen erobert und ab dem sechzehnten Jahrhundert vom polnisch-litauischen Unionsstaat, der Rzeczpospolita, verwaltet.

Mehr als zwei Jahrhunderte lang bleibt das Gebiet der heutigen Ukraine geteilt. Die Ostgrenze der Polnisch-Litauischen Union wird durch den Dnjepr gebildet, Kiew ist eine »polnische« Stadt. Auf der anderen Seite gewinnt das Moskauer Reich immer mehr an Boden. Im Süden, jenseits der Stromschnellen des Dnjepr, wird die Steppe von den Kosaken beherrscht, die versuchen, so viel Abstand wie möglich zu beiden Machtzentren zu halten.

Erst am Ende des 18. Jahrhunderts erobert das Russische Kaiserreich die Schwarzmeerküste und teilt den geschwächten polnischen Staat mit Preußen und Österreich. Zwischen 1772 und 1795 wird der größte Teil der heutigen Ukraine russisches

Staatsgebiet, mit Ausnahme von Westgalizien, das an die Österreicher fällt.

In der kaiserlichen Hauptstadt Sankt Petersburg wird der Name »Ukraine« nicht verwendet. Das linke und das rechte Ufer des Dnjepr werden gemeinsam als Kleinrussland (Malorossija) bezeichnet, das von den Osmanen eroberte Gebiet am Schwarzen Meer als Neurussland (Noworossija). Sankt Petersburg betrachtet die Ukrainer als eine Art abtrünnige Russen und die ukrainische Sprache als einen russischen Dialekt. Die Sprache wird systematisch unterdrückt.

Bereits unter Peter dem Großen (1672 bis 1725) wurden Bücher, die zuvor auf Ukrainisch erschienen waren, fortan nur noch auf Russisch gedruckt. Ab 1794 wurde Russisch zur Pflichtsprache an der berühmten Kiewer Akademie, damals eines der wichtigsten theologischen Zentren in der orthodoxen Welt.

Anfang des 19. Jahrhunderts beginnen die Intellektuellen in Kleinrussland unter dem Einfluss der Romantik, ihre eigene Sprache und Kultur zu entdecken – eine ukrainische Nationalbewegung entwickelt sich. Kurz nachdem der große russische Dichter Alexandr Puschkin (1799 bis 1837) fast im Alleingang das literarische Russisch geschaffen hat, schreibt der freigekaufte Leibeigene Taras Schewtschenko (1814 bis 1861) epische Verse, die zur Grundlage der ukrainischen Literatur werden sollen. Die russischen Behörden sehen in der Ukrainophilie bald eine politische Gefahr. In der zweiten Hälfte des neunzehnten Jahrhunderts wird die ukrainische Literatur daher auf unterschiedlichste Weise verboten.

Im 20. Jahrhundert folgt eine Katastrophe auf die andere. Nach der Oktoberrevolution wird Russland von einem erbarmungslosen Bürgerkrieg heimgesucht (1917 bis 1922). In der Ukraine kämpfen die Bolschewiki (die »Roten«) gegen die zaristischen

Truppen (die »Weißen«) und ukrainische Nationalisten sowohl gegen Polen als auch gegen die Bolschewiki. In den Jahren 1932 und 1933 verursachen Stalins Zwangskollektivierungen in der Landwirtschaft eine furchtbare Hungersnot, den Holodomor. Während des Zweiten Weltkriegs befindet sich die Ukraine erneut in der Mitte der Frontlinie. Von 1917 bis 1945 sterben zwischen 15 und 20 Millionen Ukrainer (darunter etwa 900 000 Juden) durch Hunger, Krieg und Völkermord.

Die ukrainischen Versuche, inmitten des Chaos einen eigenen Staat zu gründen, sind nicht von Dauer. Die 1917 ausgerufene Ukrainische Volksrepublik wird 1920 von der Roten Armee überrannt. Während des Zweiten Weltkriegs versucht der radikale Nationalist Stepan Bandera, durch Kollaboration mit den Nazis einen eigenen Staat zu gründen. Ab 1944 kämpft Banderas Rebellenarmee UPA jedoch sowohl gegen die Deutschen als auch gegen die Rote Armee. In der sowjetischen Propaganda wird Bandera (der schließlich 1959 vom KGB in München liquidiert wird) als teuflische Figur dargestellt. Für ukrainische Nationalisten ist er ein Held.

Nach dem Zweiten Weltkrieg entwickelt sich die Ukrainische Sozialistische Sowjetrepublik zur Kornkammer der Sowjetunion, und eine umfangreiche Schwerindustrie entsteht. Die Russifizierung geht stetig weiter. Ab 1954 ist die Beherrschung der ukrainischen Sprache keine Voraussetzung mehr für die Zulassung zum Hochschulstudium. Ab 1958 ist Russisch in allen Schulen der Republik Pflichtfach und Ukrainisch nur noch ein Wahlfach. Die Folgen sind dramatisch: In den 1970er-Jahren sinkt der Anteil der ukrainischsprachigen Periodika an der Gesamtauflage von 46 auf 19 Prozent, die Zahl der in ukrainischer Sprache veröffentlichten Bücher geht von 49 auf 24 Prozent zurück.

Die Ukraine, die Ende 1991 plötzlich unabhängig wird, ist also ein verwaistes Land. Nach Untersuchungen der Nationalen Akademie der Wissenschaften in Kiew sprechen 1992 nur 36,8 Prozent der Bevölkerung zu Hause Ukrainisch. In vielen großen Städten wie Charkiw und Donezk, Odessa, aber auch in der Hauptstadt Kiew wird fast ausschließlich Russisch gesprochen. Während im Westen der Ukraine das Ukrainische dominiert, ist im Süden und Osten des Landes Russisch die wichtigste Sprache.

Die 1989 gegründete Volksbewegung der Ukraine (Narodnyj Ruch Ukrajiny) hat ihre Wurzeln hauptsächlich im westlichen, ukrainischsprachigen Teil des Landes. Als der sowjetische Staatschef Michail Gorbatschow die Zügel mehr und mehr lockert, gewinnt die Idee der Sezession schnell an Popularität. Im Frühjahr 1990 finden in den verschiedenen Sowjetrepubliken zum ersten Mal mehr oder weniger demokratische Wahlen statt. Zum ersten Mal haben die lokalen »Sowjets« (Parlamente) eine Stimme. Als die Russische Sozialistische Föderative Sowjetrepublik eine Souveränitätserklärung abgibt, tut es ihr das ukrainische Parlament, die Werchowna Rada, gleich.

In dem Versuch, die sich rasch auflösende Sowjetunion zu retten, organisiert Gorbatschow im Frühjahr 1991 ein Referendum, bei dem die Bürger gefragt werden, ob sie mit einer »erneuerten Föderation gleichberechtigter und souveräner Republiken« einverstanden seien. Diese Formulierung ist so vage, dass 70 Prozent der ukrainischen Bevölkerung für die neue Union stimmen. Nur in den westlichen Provinzen und in Kiew gibt es eine Mehrheit dagegen.

Nicht jeder im Westen hat auf einen unabhängigen ukrainischen Staat gewartet. Am 1. August desselben Jahres hält US-Präsident George H. W. Bush in Kiew eine Rede vor dem Obersten Sowjet der Ukrainischen Sozialistischen Sowjetrepublik.

Bush senior bringt seine Unterstützung für die neue Union zum Ausdruck, die Gorbatschow ausgerufen hat. Der Vertrag, so Bush, »gibt Anlass zur Hoffnung, dass die Republiken eine größere Autonomie mit einer stärkeren freiwilligen Zusammenarbeit – politisch, kulturell und wirtschaftlich – verbinden werden, anstatt sich für eine hoffnungslose Isolation zu entscheiden«.

Die Rede von George Bush ist zwei Wochen später bereits überholt. Am 18. August 1991 putschen die Kommunisten in Moskau, doch ihre Panzer werden von friedlichen Demonstranten unter der Führung von Boris Jelzin, dem inzwischen gewählten Präsidenten Russlands, gestoppt. Der gescheiterte Augustputsch bedeutet das endgültige Ende der Sowjetunion. Auch in der Ukraine hat man die Ereignisse in Moskau mit Entsetzen zur Kenntnis genommen. Am 24. August erklärt das Parlament in einer außerordentlichen Sitzung die ukrainische Unabhängigkeit in Erwartung eines neuen Referendums. Die blau-gelbe ukrainische Flagge hängt zum ersten Mal in der Halle. Am 1. Dezember stimmen 90,3 Prozent der Wähler (bei einer Wahlbeteiligung von 84,2 Prozent) für die Unabhängigkeit. Auch in den russischsprachigen östlichen Regionen Luhansk und Donezk sprechen sich mehr als 80 Prozent für einen eigenen Staat aus.

Am 8. Dezember unterzeichnen die Staats- und Regierungschefs von Russland, Belarus und der Ukraine in einem Jagdschloss in der Beloweschen Heide nahe der belarussischen Grenze zu Polen einen Vertrag zur endgültigen Auflösung der Sowjetunion. In seinen Memoiren erinnert sich der russische Präsident Boris Jelzin an die fast sakrale Atmosphäre, die im Raum herrschte, als die drei Präsidenten ihre Unterschrift leisteten: »Ich erinnere mich gut daran, dass dort im Wald von

Belowesch die Luft plötzlich von einem Gefühl der Freiheit und Leichtigkeit erfüllt war. Russland hat sich für einen friedlichen, demokratischen und nicht imperialen Entwicklungsweg entschieden.« Der ukrainische Präsident Leonid Krawtschuk hat eine ganz andere Sichtweise. »Die Ukraine kann stolz darauf sein, dass sie das Land war, das die Sowjetunion zu Grabe getragen hat«, sagt er später.

Leonid Krawtschuk ist ein ehemaliger Parteisprecher, ein kommunistischer Ideologe aus der Westukraine, der sich bis zum Parlamentspräsidenten hochgearbeitet hat. Er ist kein eingefleischter Nationalist. Wie in Russland sehen die ukrainischen Apparatschiks das Ende der Sowjetunion als eine hervorragende Gelegenheit, ihre eigene Macht und ihren Einfluss auszuweiten. Krawtschuk sucht die Annäherung an den Westen, hat es aber nicht eilig, die bankrotte Staatswirtschaft zu reformieren. Um die staatlichen Unternehmen über Wasser zu halten, kurbelt Krawtschuk die Notenpresse an, und das Land muss bald mit einer Hyperinflation kämpfen. Im Jahr 1993 gehen die Ukrainer mit einer Tasche voller Geldscheine in den Supermarkt, um ihre Einkäufe zu erledigen. Das durchschnittliche Monatseinkommen liegt in diesem Jahr bei weniger als 50 Dollar. In kleineren Städten und auf dem Land etabliert sich eine Tauschwirtschaft.

Dieses bankrotte Land ist nun die drittgrößte Atommacht der Welt, nach Russland und den Vereinigten Staaten. Selbst nachdem Kiew seine taktischen Atomwaffen an Russland abgetreten hat, verfügt es noch über 176 Interkontinentalraketen und 1700 Atomsprengköpfe. Da Krawtschuk weder die Ressourcen noch die Technologie zur Verfügung stehen, um das Arsenal zu erhalten, beschließt er, die Nuklearwaffen zu entsorgen. Im Jahr 1994 wird das Budapester Memorandum unterzeichnet, nach dem die Ukraine, Belarus und Kasachstan ihre Atomwaffen aufgeben. Im Gegenzug garantieren die Vereinigten Staaten, Großbritannien und die Russische Föderation die Souveränität und die territorialen Grenzen der drei Länder. Ein leeres Versprechen aus Moskau, wie sich zwanzig Jahre später herausstellen sollte.

1993 führt die katastrophale Wirtschaftslage in der Ukraine zu Protesten, und Leonid Krawtschuk sieht sich gezwungen, eine vorgezogene Präsidentschaftswahl durchzuführen, die er gegen seinen früheren Ministerpräsidenten Leonid Kutschma verliert. Dies ist der erste demokratische Machtwechsel in der Ukraine – im Gegensatz zu Belarus und Russland, wo sich die jungen Demokratien bald zu autoritären Regime verfestigen sollen.

Unter Kutschma stabilisiert sich die wirtschaftliche Lage in der Ukraine, unter anderem durch die Einführung einer neuen nationalen Währung, der Hrywnja. Im Jahr 1996 folgt eine neue Verfassung. Die Verfassung der Russischen Föderation hat ein Präsidialsystem festgeschrieben, das dem Regierungschef und dem Staatsoberhaupt weitreichende Befugnisse einräumt. Die Ukraine entscheidet sich jedoch für ein semipräsidentielles System, in dem das Parlament eine wichtige Rolle spielt.

Kutschma beginnt, die alten Staatsbetriebe zu privatisieren, was wie in Russland zu einer starken Konzentration der Vermögen führt. In Donezk sind es Rinat Achmetow und sein Clan, die die Kontrolle über die Kohlebergwerke und die chemische Industrie des Donbass übernehmen. In Dnipro beherrscht Wiktor Pintschuk die Metallindustrie. In der Hauptstadt Kiew regiert Wiktor Medwedtschuk.

Um Steuervorteile zu erlangen und Einfluss auf die Gesetzgebung zu nehmen, bestechen die neureichen Ukrainer Richter und Parlamentarier und versuchen, die Medien zu kontrollieren.

Innerhalb weniger Jahre hat jeder Clan seinen eigenen Fernsehsender und seine eigene politische Partei. Das politische Leben der Ukraine wird zu einem Kampf um Geschäftsinteressen. Das unbestrittene Oberhaupt der neuen Kleptokratie ist Kutschma selbst. Seine Tochter Olena heiratet das Oberhaupt des Dnipro-Clans, Wiktor Pintschuk. Bald wird geflüstert, dass Pintschuk nicht der Einzige sei, der den ukrainischen Präsidenten mit »Papa« anspricht. Die Presse nennt den Präsidenten den »Vater der Oligarchen«.

Der kluge Kutschma navigiert zwischen Russland und dem Westen. Der ukrainische Präsident beschwichtigt Moskau, indem er einen umfassenden Freundschaftsvertrag unterzeichnet und der Gemeinschaft Unabhängiger Staaten (GUS), der Nachfolgeorganisation der Sowjetunion, in der Russland ein wichtiges Instrument zur Wahrung seines Einflusses sieht, viel Aufmerksamkeit widmet. Gleichzeitig schließt er ein Kooperationsabkommen mit der NATO und deutet damit eine mögliche Mitgliedschaft in der Allianz an. 1997 ist US-amerikanisches Militär auf der Krim an einer Übung beteiligt, nur einen Steinwurf von der russischen Garnison in Sewastopol entfernt – sehr zum Ärger des Kremls.

Im selben Jahr unterzeichnen Kutschma und der russische Präsident Jelzin einen Vertrag, der den Status der Krim und die Aufteilung der Schwarzmeerflotte zwischen der Ukraine und Russland regelt. Die Halbinsel bleibt ukrainisch, aber Russland erhält das Recht, den Hafen von Sewastopol für einen Zeitraum von zehn Jahren zu nutzen. Das Abkommen führt zu wütenden Reaktionen im russischen Parlament. Erst 1999 wird der Vertrag in Moskau ratifiziert.

Als Kutschma im Jahr 2000 in Korruptionsskandale verwickelt wird, verliert er seinen Kredit im Westen. Einer seiner Leibwächter veröffentlicht heimlich aufgezeichnete Gespräche des Staatsoberhauptes. Die Kutschma-Tonbänder belegen, dass der ukrainische Präsident sich nicht scheute, Hightech-Radarsysteme an den irakischen Diktator Saddam Hussein zu verkaufen. Die Aufnahmen zeigen auch, wie Kutschma befahl, sich um den Journalisten Heorhij Gongadse, den Gründer der Zeitung *Ukrajinska Pravda*, »zu kümmern«. Seine enthauptete und schwer misshandelte Leiche wurde im November 2000 gefunden. Als die Bänder in der Rada abgespielt werden, hört das ukrainische Volk, wie sein Präsident schreit und schimpft und sich antisemitisch äußert. Kutschma bestreitet, dass er der Mann auf den Aufnahmen ist.

Als sich seine Amtszeit 2003 dem Ende zuneigt, versucht der ukrainische Präsident verzweifelt, sich eine dritte Amtszeit zu sichern – entgegen der Verfassung. Als dies nicht gelingt, konzentriert er sich darauf, einen Nachfolger zu finden, der den Status quo nach seinem Rücktritt aufrechterhalten und ihn vor strafrechtlicher Verfolgung schützen soll. Im Donezker Clan von Rinat Achmetow scheint sich ein geeigneter Kandidat zu finden.

Wiktor Janukowytsch erinnert mit seiner Statur und der schweren Bassstimme an Boris Jelzin, aber im Gegensatz zum ehemaligen russischen Präsidenten verfügt er nicht über Charisma. Janukowytsch ist früh Waise geworden, hat zwei strafrechtliche Verurteilungen wegen Diebstahl und Gewalt auf dem Kerbholz, und seine akademischen Titel sind wahrscheinlich zusammengekauft, wenn man die vielen Rechtschreibfehler in den offiziellen Dokumenten bedenkt, die er vermutlich selbst ausgefüllt hat. In einem der Dokumente ist zum Beispiel Professor mit zwei f geschrieben.

Im selben Jahr, 2003, arbeiten Selenskyj und die Schauspieler von Kwartal 95 immer noch in Moskau für den KWN. Die

Beziehungen zum Regisseur Alexandr Masljakow haben sich verschlechtert. Masljakow und Selenskyj streiten über Geld und das Recht auf freie Meinungsäußerung. 2001 hatte Putin den russischen Geschäftsmann Wladimir Gussinski gezwungen, den kritischen Fernsehsender NTW aufzugeben. Anderen Sendern wurde ebenfalls mitgeteilt, dass Kritik am Präsidenten nicht mehr erwünscht sei.

Auch beim KWN gibt es eine Zensur. Als ein Angestellter der Produktionsfirma einen Großteil von Selenskyjs Witzen aus einem Lied löscht, geht dieser wutentbrannt zu Masljakow. »Seine Hoheit« ist nicht amüsiert. »Uns wurde gesagt, dass der KWN auch ohne uns gut funktionieren würde«, erinnert sich Teammitglied Borys Schefir. »Deshalb haben wir geantwortet: Wir hatten sowieso vor wegzugehen.« Einige Tage später scheidet Kwartal 95 – eines der absoluten Spitzenteams – im Viertelfinale aus. Selenskyj ist wütend auf Masljakow: »Wir haben diesen Mann verehrt, und dann lässt er uns fallen.«

Dennoch ist Masljakow nicht erfreut, dass Selenskyj geht. Nach einer Version der Ereignisse macht der Regisseur einen Vorschlag: Selenskyj kann einer der Hauptautoren der Show werden und viel Geld verdienen. Masljakow hat aber eine Bedingung: Er muss sich von seinen Kollegen von Kwartal 95 trennen. Selenskyj weigert sich.

Einer anderen Version zufolge kommt es zum Ausscheiden von Kwartal 95, als Masljakow ankündigt, dass er einen noch größeren Teil der Einnahmen des Teams behalten wolle. Diese Version wird durch den Umstand gestützt, dass auch weitere bekannte Teams 2003 ihre Beziehungen zu Masljakow beenden. Einige wechseln zu einem anderen russischen Fernsehsender. Selenskyj und sein Team beschließen, nach Kiew zurückzukehren.

Es ist ein mutiger Schritt, und es stellt sich heraus, dass es der richtige Zeitpunkt ist. Nach fast einem Jahrzehnt des wirtschaftlichen Niedergangs erlebt die Ukraine im Jahr 2000 ihr erstes Wirtschaftswachstum. 2003 steigt das Bruttosozialprodukt sogar spektakulär um 9,5 Prozent.

Nicht Kutschma ist für dieses Wirtschaftswachstum verantwortlich, sondern der charmante Vorsitzende der ukrainischen Nationalbank, den er 1999 zum Ministerpräsidenten gemacht hat. Wiktor Juschtschenko besitzt eine einzigartige Eigenschaft in der damaligen ukrainischen politischen Landschaft: Er ist integer. Der neue Ministerpräsident vertritt unverblümt liberale Ansichten. Dies ist nicht unwichtig bei den Verhandlungen mit dem Internationalen Währungsfonds (IWF), bei dem die Ukraine eine gigantische Verschuldung angehäuft hat. Gemeinsam mit der stellvertretenden Ministerpräsidentin Julija Tymoschenko beginnt Juschtschenko, gegen ein zwielichtiges Milliardengeschäft vorzugehen – den Gashandel. Die Ukraine ist ein Drehkreuz für russische Gasexporte: Etwa 80 % des nach Europa transportierten Gases fließt durch ukrainische Pipelines. Kiew selbst zahlt nur einen winzigen Teil des Weltmarktpreises für Gas. Für den Transport nach Europa erhebt die Ukraine ebenfalls Gebühren, die Russland nicht in harter Währung bezahlt, sondern durch die Lieferung von zusätzlichem Gas. Der Tauschhandel hat zu einem florierenden Zwischenhandel geführt, bei dem Steuern hinterzogen werden, Gas illegal nach Europa weiterverkauft und russisches Gas gestohlen wird. Timoschenko kennt das Geschäft wie kein anderer: Die Ministerpräsidentin hat selbst ein Vermögen damit verdient.

Juschtschenko und Tymoschenko beschließen auch, die zahlreichen Steuererleichterungen zu streichen, die sich die Oligarchen über ihre Kumpane in Regierung und Parlament gewährt haben. Juschtschenkos Reformen spülen allein im Jahr 2000 zusätzlich vier Milliarden Dollar in die ukrainische Staatskasse – 13 Prozent des Bruttosozialprodukts. Zum ersten Mal kann die ukrainische Regierung Renten und Gehälter des öffentlichen Dienstes auszahlen, was zu einem starken Anstieg der Kaufkraft führt. In Kiew und anderen Großstädten bilden sich die ersten vorsichtigen Konturen einer ukrainischen Mittelschicht heraus.

Selenskyj und sein Team haben sich in Kiew niedergelassen, aber in einem Land, in dem Korruption an der Tagesordnung ist, gestaltet es sich nach wie vor schwierig, ohne Beziehungen zu arbeiten. »Es war ein großes Abenteuer«, erinnert sich Serhij Schefir. »Die großen Medienbosse in Kiew sagten zu uns: ›Es sind noch hundert Leute vor euch. Ihr werdet nichts erreichen.‹«

Kwartal 95 lebt von ein paar spärlichen Auftritten und Drehbuchaufträgen aus Moskau, die das Team unter verschiedenen Pseudonymen durchführt. »Wir waren alle sehr besorgt über die Zukunft«, erinnert sich der Schauspieler Jurij Krapow. »Aber die Freiheit, die das Team jetzt hatte, war berauschend. Wir waren niemandem etwas schuldig«, wird Olena Krawez später in einem Interview sagen. »Wir mussten niemandem unsere Texte zeigen, niemand musste etwas genehmigen, es gab keine Zensur.«

Selenskyj lebt in einem heruntergekommenen Hotelzimmer in einem Kiewer Vorort, das ihm von einem bekannten Studiodirektor vermittelt wurde.

Im September 2003 heiratet Wolodymyr Selenskyj Olena Kyjaschko. Die Hochzeit findet in einem Bowlingcenter in Krywyj Rih statt, dem einzigen erschwinglichen Ort, der Platz für hundert Gäste bietet. In einem geliehenen Anzug, der zwei Nummern zu groß ist, steht der Bräutigam neben seiner strahlenden Braut.

Am nächsten Tag reist Selenskyj geschäftlich nach Kiew. An diesem Tag gründet Selenskyj zusammen mit Borys und Serhij Schefir, seinen Partnern der ersten Stunde, die Produktionsfirma Studio Kwartal 95. Selenskyj fährt mit den Schefir in seinem altersschwachen Lada-Kombi zu Arbeitsterminen. Er parkt nie vor der Tür, sondern immer um die Ecke. »Mir war klar, dass ich mit einem so wenig repräsentativen Auto nicht bei seriösen Unternehmen vorfahren konnte«, erinnert sich Selenskyj im Jahr 2008. »Alle potenziellen Sponsoren sagten das Gleiche: Wir denken darüber nach, wir werden es besprechen. Wir konnten ihnen kaum sagen: Überlegt nicht zu lange, denn wir müssen noch die Miete bezahlen.«

Selenskyj und Olena sind inzwischen dauerhaft nach Kiew gezogen und leben in einer Einzimmerwohnung zusammen mit den Schefir-Brüdern, ihrer Mutter und einem Hund. Erst nach einem Jahr reicht das Geld aus, damit die Geschäftspartner in eigene Wohnungen ziehen können. 2004 wird Tochter Oleksandra (»Sascha«) geboren. Das erste Kind wird nach Selenskyjs Vater benannt, der darüber sehr glücklich ist.

Um über die Runden zu kommen, wird Selenskyj Moderator der Kochsendung *Mr. Cook*, obwohl der Moderator kaum ein Omelett zubereiten kann. Mit diesem Job verdient er mehr als mit den Drehbüchern der Schefir-Brüder, aber das Geld fließt in einen gemeinsamen Topf. Das Schreiben mag weniger lukrativ sein, alle haben jedoch ein gemeinsames Ziel: die Ukraine zu erobern. Während Selenskyj und seine Kollegen in Kiew an ihrer Karriere arbeiten, kommt ein Großteil ihres Einkommens nach wie vor aus Russland. Im Jahr 2003 organisiert Kwartal 95 jedoch eine Silvestershow in Kiew, und die Karten sind schnell weg. Die Produzenten des Fernsehsenders 1+1 sind beeindruckt und bieten der Truppe einen Vertrag an. Es werden fünf Fernsehsendungen aufgezeichnet, Kwartal tritt im Theater auf und gibt etwa zehn bis fünfzehn Vorstellungen pro Monat. Die Shows bestehen aus kurzen Sketchen, die durch bekannte russische und ukrainische Pop-Acts ergänzt werden. Die Witze sind eher harmlos und handeln von Liebesbeziehungen, dem täglichen Leben und – manchmal – dem schlechten Zustand des Landes.

»Es heißt, wenn man morgens aufwacht und keine Schmerzen hat, ist man gestorben«, sagt Selenskyj am Ende des Programms *The Matrix*.

Er macht eine extralange Pause.

»Wir haben eine kränkelnde Wirtschaft, ein blutdrucktreibendes Showbusiness, und die Fußballnationalmannschaft bereitet uns Bauchschmerzen. Wir sind also noch am Leben!«

Kwartal 95 würde gerne mehr für 1+1 produzieren, aber obwohl Selenskyj sich alle Mühe bei der Akquisition gibt, hat die Leitung des Fernsehsenders keinen Platz für Wolodymyr und seine Freunde. Im Sommer 2004 ist das Interesse an Komik gering. Die Ukraine befindet sich im Bann des Wahlkampfs. Das Rennen zwischen Wiktor Juschtschenko und Wiktor Janukowytsch ist eine Konfrontation zwischen West und Ost, zwischen denen, die eine prowestliche, liberale Ukraine anstreben, und denen, die am konservativen Status quo festhalten wollen.

Janukowytsch betrügt – und gewinnt. Aber die Ukrainer werden das nicht hinnehmen.

Kapitel 3

DIE HUMORFABRIK

Am 26. Oktober 2004 fliegt der russische Präsident Wladimir Putin nach Kiew, fünf Tage vor der ukrainischen Wahl. Obwohl der prorussische Kandidat Wiktor Janukowytsch den »schmutzigsten Wahlkampf der Geschichte« geführt hat (so der amtierende Präsident Kutschma), liegt er in den Umfragen zurück.

Putin und Kutschma nehmen ein historisches Ereignis zum Anlass für den Staatsbesuch. Am 28. Oktober 1944 vertrieb die Rote Armee die letzten deutschen Truppen vom Gebiet der Ukrainischen Sowjetrepublik. Der 60. Jahrestag wird mit einer großen Militärparade im Zentrum von Kiew gefeiert. Um dem Ganzen mehr Glanz zu verleihen, hat Putin die rote Fahne mitgebracht, die sowjetische Soldaten 1945 über dem Reichstag hissten.

Noch am Tag seiner Ankunft gibt Putin ein Interview, das auf drei Fernsehkanälen live übertragen wird. Es ist ein einmaliges Ereignis für das ukrainische Fernsehen: Nur die Neujahrsansprache von Präsident Kutschma war zuvor von mehreren Sendern gleichzeitig gezeigt worden. Über eine spezielle Website, *Fragen Sie Putin*, können die Ukrainer Fragen einsenden; russische Zeitungen werden am nächsten Tag berichten, dass 80 000 ukrainische Bürger von dieser Möglichkeit Gebrauch gemacht haben. Während der Sendung können sich die Zuschauer auch telefonisch einwählen.

Putin ist so rücksichtsvoll wie möglich.

»Ich mag die ukrainische Sprache sehr«, sagt der russische Präsident. »Ich kann mich noch daran erinnern, wie ich während meiner Studienzeit versuchte, *Kobsar* [deutsch: Troubadour, Minnesänger] zu lesen.« Er deklamiert – auf Ukrainisch – ein paar Zeilen aus dem berühmten Werk des Nationaldichters Taras Schewtschenko:

Der Tag vergeht, die Nacht vergeht
Und mit dem Kopf in den Händen
Frage ich mich, wo ist
Der Apostel der Wahrheit und der Wissenschaft?

»Das ist das Einzige, woran ich mich erinnere, wahrscheinlich weil es meiner damaligen Stimmung entsprach«, scherzt Putin und bezieht sich auf sein Studium an der KGB-Akademie in Moskau. »Leider spreche ich kein Ukrainisch.«

Putins Aufmerksamkeit für die Ukraine kommt nicht aus heiterem Himmel. Der Kreml hat bereits den Mann ins Visier genommen, den der scheidende Präsident Kutschma sich als Nachfolger wünscht: Wiktor Janukowytsch. Sein Herausforderer, Wiktor Juschtschenko, gilt als liberal und prowestlich. Mit Juschtschenko an der Spitze, befürchtet der Kreml, könnte die Ukraine aus der russischen Einflusssphäre abdriften.

Im Jahr davor hat sich Wladimir Putin verstärkt für das nahe Ausland interessiert. Obwohl die Rebellen hier und da noch Widerstand leisten, scheint der Zweite Tschetschenienkrieg beigelegt. Für Putin gibt es noch andere Probleme. 2003 setzen die Georgier Präsident Eduard Schewardnadse (unter Gorbatschow Außenminister der Sowjetunion) ab. Die

»Rosenrevolution« beunruhigt den Kreml, weil der neue Präsident Micheil Saakaschwili an der New Yorker Columbia University Jura studiert hat, fließend Englisch spricht und für sein Land die Mitgliedschaft in der EU und der NATO anstrebt.

So etwas darf in der Ukraine nicht passieren. Der Kreml hat seine besten Spin-Doctors nach Kiew entsandt, um Janukowytsch zu unterstützen. Gerüchten zufolge stecken russische Oligarchen im Auftrag Putins 300 Millionen Dollar in den Wahlkampf des schwerfälligen Ex-Ministerpräsidenten, der aus dem russischsprachigen Donbass stammt. Janukowytsch und seine Berater handeln nach russischem Drehbuch. Die Fernsehsender, die Präsident Kutschma und befreundeten Oligarchen gehören, geben Juschtschenko nicht eine Minute Sendezeit. Der Wahlkampf des Oppositionsführers wird durch seltsame Vorfälle gestört. Zweimal verhindern Flughäfen die Landung der Maschine des liberalen Präsidentschaftskandidaten und zwingen ihn, an einen anderen Airport auszuweichen. In den von der Regierung kontrollierten Medien wird Juschtschenko, der aus der Westukraine stammt, als Nationalist, Bandera-Anhänger und Nazi dargestellt. Die Wähler erhalten Flugblätter, in denen behauptet wird, der Oppositionskandidat habe seine erste Frau (die in Wirklichkeit bei guter Gesundheit ist) umbringen lassen.

Am 5. September diniert Juschtschenko mit der Führung des ukrainischen Inlandsgeheimdienstes SBU. Als sich der Präsidentschaftskandidat unwohl fühlt, wird er eilig zur ärztlichen Behandlung nach Wien geflogen. Eine medizinische Untersuchung ergibt später, dass Juschtschenko mit Dioxin vergiftet worden ist. Der Präsidentschaftskandidat erholt sich, aber sein Gesicht ist durch eine von dem Gift verursachte Akne dauerhaft entstellt.

Die erste Runde der Wahl am 31. Oktober endet unentschieden. In der zweiten Runde am 21. November werden

Janukowytsch 49,5 Prozent der Stimmen zugesprochen, während Juschtschenko 46,6 Prozent der Stimmen erhält.

Es ist sofort klar, dass ein Betrug in großem Umfang vorliegt. Hunderttausende Demonstranten versammeln sich auf dem Majdan Nesaleschnosti (Unabhängigkeitsplatz) in Kiew. Die Demonstranten schwenken orangefarbene Fahnen, die Farbe der Juschtschenko-Tymoschenko-Koalition. Trotz des eisigen Winterwetters gehen die Demonstrationen wochenlang weiter: Die Demonstranten kampieren in Zelten auf dem Majdan, es wird heiße Suppe verteilt. Die Revolution liegt in der Luft.

Als die Wahlbeobachter der OSZE erklären, dass die Wahl gefälscht wurde, wendet sich das Blatt zu Juschtschenkos Gunsten. Der ukrainische oberste Gerichtshof annulliert die Wahlergebnisse. Im dritten Wahlgang am 26. Dezember gewinnt Juschtschenko mit 52 Prozent der Stimmen gegenüber 44 Prozent für Janukowytsch.

Die Orange Revolution in Kiew ist nicht nur eine Demütigung für Putin, sondern auch ein Schock für sein Regime. Um revolutionäre Bewegungen von nun an im Keim zu ersticken, gründet der Kreml seine eigene militante Jugendbewegung: Naschi (»Die Unseren«). Wenn auf dem Roten Platz Proteste ausbrechen, schickt der Kreml seine Anhänger auf die Straße, so das Kalkül. Um die Nachbarländer in seinem Einflussbereich zu halten, wird eine spezielle Abteilung innerhalb des Geheimdienstes FSB eingerichtet: der Dienst für operative Informationen und internationale Beziehungen (DOI). Offiziere des DOI werden in Belarus, Moldau und Abchasien gesichtet, insbesondere während der Wahl. Leiter der neuen Abteilung wird Sergej Beseda. Dieser FSB-Beauftragte wird sowohl 2014 als auch 2022 in Schlüsselmomenten auftreten.

Der erste Majdan ist ein dramatisches Ereignis, das die Ukraine ins Blickfeld der Weltöffentlichkeit rückt. Ausländische Fernsehteams berichten ausführlich über Hunderttausende Demonstranten in der schneidenden Kälte auf dem Majdan. Aber die »Revolution« wird nur wenige echte Reformen bringen. Außerdem kann der Sieg Juschtschenkos nicht darüber hinwegtäuschen, dass die Ukraine gespalten ist. Im Westen und in den zentralen Regionen, wo Ukrainisch die vorherrschende Sprache ist, wurde überwiegend die Opposition mit ihrem prowestlichen Kurs gewählt. Auf der russischsprachigen Krim und im Osten der Ukraine hingegen unterstützen die Menschen Janukowytsch und seine Annäherung an Moskau.

Auch die Eltern von Wolodymyr Selenskyj wählen Janukowytsch und seine »Partei der Regionen«. Genau wie Selenskyjs Schauspielerkollege und Jugendfreund Oleksandr Pikalow. Dies führt oft zu hitzigen politischen Diskussionen innerhalb von Kwartal, wie sich Selenskyj später erinnert:

»›Halte dich doch damit nicht auf, Sascha‹, sagte ich oft. ›Wowa‹, erwiderte er dann, ›wir kommen schließlich aus dieser Region, wir kommen aus dem Osten!‹ – ›Sascha‹, antwortete ich, ›wir kommen aus einem Land und aus allen Regionen. Wir sind überall willkommen: in Donezk, wo wir wunderbare Vorstellungen hatten, genauso wie in Lwiw.‹ Worauf er mir erneut widersprach. Er ist eben von Natur aus ein Radikaler.«

In der neuen Show von Kwartal 95 spielt Selenskyj Präsident Juschtschenko. Oleksandr Pikalow ist Wiktor Janukowytsch. Pikalow porträtiert den Führer der Partei der Regionen als kriminellen, nicht sehr klugen Jungen von der Straße.

Nach den ersten erfolgreichen TV-Sendungen wird Selenskyj von 1+1 immer wieder hingehalten. Studio Kwartal 95 wendet sich daher an Inter, einen der größten Fernsehsender des Landes. Dessen Management ist bereit, mit einem neuen Programm unter dem Titel *Wetschernyj Kwartal* (Kwartal bei Nacht) den Sprung zu wagen. Selenskyj stellt sich eine Theatershow mit Stand-up-Comedy vor, bei der sich komische Sketche und Auftritte bekannter Künstler abwechseln. Das Management von Inter sei begeistert gewesen, habe aber eine Bedingung gestellt, erzählt Kwartal-Schauspieler Walerij Schydkow später: »Sie haben verlangt, dass wir Politsatire machen.«

Bereits in der ersten Sendung von *Wetschernyj Kwartal* spielt Selenskyj Juschtschenko. Der neu gewählte Präsident betritt voller Stolz die Bühne, in der Hand ein altes Fahrrad der bekannten sowjetischen Marke »Ukraine« aus Charkiw.

»Sehen Sie, ich habe jetzt eine echte Ukraine«, sagt er.

Das Publikum versteht sofort, wofür das Fahrrad steht. Eine Frau aus dem Publikum ruft: »Das ist eine Schande!« Selenskyj lässt sich nicht beirren.

»Der Besitzer wollte sie zunächst nicht hergeben«, sagt er. »Erst nach dem dritten Anlauf wollte er sie verkaufen.«

Selenskyj imitiert Juschtschenkos feierliche Diktion. Er deutet auch an, dass der neue Präsident ein Schwächling ist, der unter der Fuchtel seiner politischen Verbündeten, Julija Tymoschenko, steht.

»Auf den Rahmen werde ich noch einen zweiten Sattel für meine Freundin montieren«, sagt der Präsident mit einem zufriedenen Lächeln. »Ich trete in die Pedale, und sie lenkt.«

Der Präsident wechselt vom Russischen ins Ukrainische: »*Drusi!* [Freunde!] Mit diesem Fahrrad werde ich euch nach Europa bringen. Wir haben ja nichts anderes.«

Das Publikum klatscht begeistert Beifall. Am nächsten Tag ist die Vorstellung restlos ausverkauft. Selenskyj erkennt, dass er eine Erfolgsformel gefunden hat.

Die Orangene Revolution hat die Ukraine wachgerüttelt, und die ukrainische Politik ist ein einziges Spektakel. Präsident Juschtschenko und seine Koalitionspartnerin Tymoschenko liegen im Clinch miteinander, die Koalition zerfällt. Janukowytsch weiß dies zu nutzen. In der Öffentlichkeit macht der unbeholfene Mann aus dem Donbass eine schlechte Figur, doch hinter den Kulissen entpuppt er sich als gerissener Politiker. Bei der Wahl zur Werchowna Rada im Jahr 2006 wird seine Partei der Regionen stärkste Kraft, Janukowytsch zum zweiten Mal Ministerpräsident (2006/2007).

Nach der Orangen Revolution beginnt sich die Öffentlichkeit, für politische Themen zu interessieren, und die politische Satire erlebt einen Aufschwung. »Zuerst kamen vor allem die Liebhaber des KWN«, erinnert sich der Schauspieler Walerij Schydkow. »Doch bei der nächsten Aufführung saß das halbe ukrainische Parlament im Publikum.«

Wetschernyj Kwartal schont niemanden. In Selenskyjs Sketchen wird das »Liebe Freunde«, mit dem Juschtschenko seine Reden beginnt, zu einem stehenden Begriff für die Geschäftsfreunde des Präsidenten, die sich die Taschen füllen – trotz Juschtschenkos feierlicher Wahlversprechen, die Korruption zu bekämpfen.

Mehrere Politiker versuchen, Selenskyj zu kaufen. »Sie riefen oft an und schlugen vor, zu günstigen finanziellen Bedingungen zusammenzuarbeiten«, berichtet Selenskyj 2008. »Aber das hätte unsere Arbeit konterkariert. Wir haben nie einen Cent für einen Auftragssketch angenommen. Und das werden wir auch nie. Wenn wir eine politische Macht unterstützen würden, würde uns die andere zerstören wollen.«

Auf Plakaten für eine Tournee auf der Krim im Jahr 2007 macht sich Kwartal über hartnäckige Gerüchte über politische

Einmischung lustig. »Regie – Julija Tymoschenko«, steht auf dem Plakat. Und: »Produzent – Wiktor Janukowytsch«.

Auf der überwiegend russischsprachigen Krim hat die Partei der Regionen eine große Anhängerschaft. Oleksandr Pikalow betritt die Bühne als Janukowytsch: »Der Präsident der Ukraine – laut den Bewohnern der Krim!« Dann tritt Selenskyj als Juschtschenko auf: »Der ukrainische Präsident – wie er selbst sagt!«

In der Aufführung »Die geheimen Mächte hinter Kwartal 95« streiten sich Juschtschenko, Janukowytsch und Tymoschenko darüber, wer die Komikertruppe in der Tasche hat. »Der Kerl parodiert mich wunderbar«, lacht Janukowytsch, doch dann wird seine Miene plötzlich ernst: »Sagen Sie, Sie haben nicht zufällig irgendwo seine Adresse, oder?« Wenig später schlägt Janukowytsch fröhlich vor, Selenskyj »zu verprügeln«.

In der Ukraine ist all das erlaubt. Im Jahr 2002 hatte Putin die Erfolgsserie *Kukly* (Puppen), eine russische Adaption der britischen satirischen Puppenserie *Spitting Image*, verboten. Man macht keine Witze über den Präsidenten der Russischen Föderation. Auch in der Ukraine finden nicht alle die Sketche von Kwartal angemessen. Selenskyjs Vater glaubt, dass sein Sohn zu weit gehe. »Er sagte die ganze Zeit: ›Hört auf, Witze über unseren Präsidenten zu machen‹«, erzählt Mutter Rymma im Jahr 2013. Oleksandr Selenskyj wuchs mit den Dogmen der Kommunistischen Partei auf. Vor allem im Osten des Landes ist die Idee des unantastbaren Führers lebendig. 2009 fragt die Wirtschaftszeitung *Kommersant* den Direktor des Donezker Theaters, welches Programm seiner Meinung nach sofort verboten werden sollte. Vadim Pisarev sagt, ohne zu zögern: »*Wetschernyj Kwartal*. Ich war nie ein Anhänger des orangen

Lagers [von Juschtschenko], aber die Art und Weise, wie *Wetschernyj Kwartal* den Präsidenten des Landes porträtiert ... das ist wirklich inakzeptabel.«

Auch im westlichen Teil der Ukraine sind nicht alle über die Art und Weise glücklich, wie Juschtschenko dargestellt wird. Im Jahr 2008 enthüllt Selenskyj, dass Nationalisten ihren Einfluss in der Regierung nutzen wollten, um *Wetschernyj Kwartal* aus dem Verkehr zu ziehen. »Menschen, die für die Nation eintreten, müssen keine Nationalisten sein«, erklärt er. »Zum Glück haben sie verstanden, dass wir ein nationales Produkt fertigen, dass wir Bürger dieses Landes sind, auch wenn wir Witze auf Russisch machen.«

Bei diesen Witzen geht es natürlich nicht nur um Politik. »Ich habe nie den Eindruck gehabt, dass wir eine politische Show machen«, sagt Selenskyj 2013. »Politische Themen machen nicht mehr als zehn Prozent des Programms aus.« Viele der Sketche von *Wetschernyj Kwartal* handeln von Situationen, die die Ukrainer aus ihrem Alltag kennen: Alkoholismus, korrupte Verkehrspolizisten, Streit mit der Ehefrau nach einer Nacht mit Freunden.

Kwartal schreckt nicht vor Klischees und Vorurteilen zurück. Selenskyj sagt auf der Bühne: »Wir Männer verstehen die Frauen einfach nicht.« Kwartal-Kollege Jurij Krapow nickt zustimmend: »Nur Frauen können durch die ganze Stadt fahren, weil die Kartoffeln irgendwo 50 Kopeken billiger sind, und dann auf dem Rückweg ein Taxi nehmen, weil sie so schwer zu tragen haben.«

Die Auftritte werden von populären ukrainischen (und russischen) Popstars begleitet. Am Ende jeder Show gibt es ein Lied von Kwartal selbst, das wehmütig das Leben in der Ukraine reflektiert: zum Lachen und zum Weinen, politische Satire für ein möglichst breites Publikum.

Wetschernyj Kwartal ist der erste geschäftliche Erfolg von Studio Kwartal 95, der Produktionsfirma, die Selenskyj zusammen mit den Brüdern Schefir gegründet hat. Laut Vertrag mit Inter produziert Kwartal 95 insgesamt acht Sendungen pro Jahr, und der Fernsehsender zahlt 40 000 bis 50 000 Dollar pro Folge. Dazu kommen die Einnahmen für ein volles Haus im Theater »Ukraine« in Kiew – 150 000 bis 200 000 Dollar. Und genau wie zu Zeiten des KWN tourt Kwartal 95 unermüdlich durch die Ukraine. Die durchschnittlichen Einnahmen für eine Vorstellung in der Provinz liegen bei 15 000 Dollar. 2006 verbringt die junge Familie Selenskyj ihren ersten Urlaub im Ausland.

Ein Dokumentarfilm aus dem Jahr 2013 zeigt, wie Kwartal 95 in einem Bus durch die Ukraine tourt: Stunde um Stunde auf mittelprächtigen Straßen. Mehrere Mitglieder der Gruppe schlafen im hinteren Teil des Busses. Selenskyj hängt am Telefon. Wenn er nicht gerade telefoniert, sucht er die Filme aus, die im Bus gezeigt werden sollen. Die Mitglieder von Kwartal 95 kennen die meisten von ihnen auswendig. »Ich kaufe immer die DVDs«, sagt Selenskyj. »Ich verstehe nicht, warum die anderen keine DVDs kaufen.«

Bei Kwartal 95 gibt es nur einen Chef. Selenskyj arbeitet achtzig Stunden pro Woche, und er erwartet das gleiche Engagement von seinen Mitarbeitern. Eine Probe mit halber Kraft gibt es bei Kwartal 95 nicht. Ukrainische Medien schreiben, Selenskyj sei ein Perfektionist, der verbal austeilen könne, wenn Schauspieler ihren Text vergessen. Er nennt das »meine natürliche Autorität«. »Ich habe für alle immer ein klares Wort.« Er selbst kann mit Kritik nicht gut umgehen: »Ich trage sie zu lange mit mir herum, sie macht mich extrem nervös.«

Wenn Kwartal-Schauspieler zu spät zu einer Probe kommen, werden sie von Selenskyj mit einer Strafe belegt. »Er ist strenger geworden«, erinnert sich Olena Krawez in einem Dokumentarfilm von 2010. »Wowa ist ein Workaholic, er ist ständig aktiv und getrieben. In einem solchen Zustand ist es unmöglich, weich zu sein.«

»Ich habe keine Zeit für Höflichkeiten«, antwortet Selenskyj. »Aber ich liebe meine Leute und hoffe, dass sie mir verzeihen werden.«

Trotz Selenskyjs harter Hand herrscht eine große Loyalität. Kwartal 95 leistet Anzahlungen und stellt Sicherheiten für die Hypotheken der Schauspieler – sodass ein erschwingliches Haus plötzlich in Reichweite ist. »Das größte Kapital von Kwartal sind seine Mitarbeiter«, sagt Selenskyj, »und das wissen wir zu schätzen.« Seit 1997 hat nur ein Schauspieler das Unternehmen verlassen. Zum Weggang von Denys Menshosov will Selenskyj nicht viel sagen.

2005 begrüßt Kwartal 95 einen weiteren Star. Jewhen Koschowyj (geboren 1983) stammt aus einem kleinen Dorf in der Region Luhansk und ist das einzige Mitglied von Kwartal 95, das eine Zeit lang an einer richtigen Schauspielschule studiert hat. Und er verdankt seinen Erfolg ebenfalls dem KWN: Seit 2000 trat er mit dem Luhansker Team Vabanque auf, aber 2005 wechselt der groß gewachsene Koschowyj mit dem glatt rasierten Schädel zu Kwartal 95. »Ein Mann mit einem vollkommen natürlichen Charisma«, sagt Selenskyj. »Und mit einem gottgegebenen Talent.« Die Popularität von Koschowyj nähert sich der von Selenskyj an, aber von Eifersucht kann keine Rede sein. Die beiden Männer werden Freunde fürs Leben.

Wetschernyj Kwartal wird zu einer der erfolgreichsten Sendungen im ukrainischen Fernsehen.

Selenskyj mietet Büroräume in der Nähe des Kiewer Stadtzentrums, und innerhalb weniger Jahre belegt das Unternehmen einige Stockwerke des Gebäudes in der Belarussischen

Straße. Er denkt nicht daran, nach Moskau zu ziehen, wo die meisten ukrainischen Entertainer ihr Geld verdienen. »In Kiew finde ich es schön und bequem«, sagt er. »Zumal alle meine Kollegen und viele Gleichgesinnte in Kiew leben.«

Im Jahr 2010 beschäftigt Studio Kwartal 95 fünfzig Mitarbeiter: zehn Schauspieler, sechsundzwanzig Texter und Hilfskräfte. Der kreative Prozess wird mit einer fast militärischen Disziplin abgespult. Eine Gruppe von Mitarbeitern verbringt den ganzen Tag damit, Fernsehen und Internet zu durchforsten: Worüber reden die Leute? Was ist heiß – und was nicht? Sobald die Scouts berichtet haben, machen sich Selenskyj und seine Texter – in Absprache mit den Schauspielern – Gedanken über die Gags. Der Geschäftsführer und Kreativdirektor von Studio Kwartal 95 hat gerne den ganzen Tag Menschen um sich, mit denen er Ideen austauschen kann. »Ich komme allein nicht gut klar«, sagt Selenskyj. »Dann wird mir langweilig. Sich gemeinsam etwas einfallen zu lassen ist für mich sehr wichtig.« Er sei ein großer Förderer, aber kein guter Manager, meint Selenskyj – dafür ist er zu zerstreut. Auch beschäftigt er keine Sekretärin. Da er ständig auf der Arbeit ist, ernährt er sich hauptsächlich von Junkfood. Er hat keine Zeit für Sport. Seit seiner Studienzeit ist er starker Raucher.

Es ist Selenskyjs großer Traum, Filme zu machen, doch seinen ersten Erfolg als Produzent hat er mit einer Fernsehserie. In der Sitcom *Swaty* (Die Schwiegereltern) geht es um zwei ältere Ehepaare, die um die Aufmerksamkeit von Schenja, ihrem einzigen Enkelkind, wetteifern. Großvater Iwan und Großmutter Walentina stammen vom Dorf, Jurij und Olga sind typische Vertreter der städtischen Intelligenzija. Die Idee für die Serie entstand, als Selenskyj den Drehbuchautoren von seinen

eigenen Eltern und Schwiegereltern erzählte, aber in den Szenen findet sich fast jeder in der ehemaligen Sowjetunion wieder. Zum Beispiel als Schenjas Mutter Walentina anruft, um einen Ferienbabysitter zu organisieren:
»Mama, wir fahren nach Italien.«
»Aber warum?«

Die erste Staffel von *Swaty* – eigentlich zwei kurze Fernsehfilme – wird 2008 sowohl mit ukrainischen als auch mit russischen Schauspielern gedreht. Die Serie ist ein durchschlagender Erfolg. Das Projekt ist jedoch nicht rentabel: Selenskyj hat für jede Episode zwischen 250 000 und 300 000 Dollar ausgegeben. *Swaty* bekommt erst Rückenwind, als das russische Staatsfernsehen Rossija die Serie 2009 kauft. »Russland ist ein sehr großer Markt, der es uns ermöglicht, gutes Fernsehen zu machen«, sagt Selenskyj. Die ukrainischen Fernsehsender stehen jetzt Schlange, um in Kwartal 95 zu investieren. Im Jahr 2008 kauft der Chef des Senders Inter, Walerij Choroschkowskij, fünfzig Prozent der Aktien von Studio Kwartal 95 – nach Quellen der ukrainischen Ausgabe des Wirtschaftsmagazins *Forbes* für zwölf Millionen Dollar.

Swaty kommt so gut an, dass es 2011 vom Festival de Télévision de Monte-Carlo für den Preis der weltweit beliebtesten Sitcom nominiert wird. Die beiden anderen Nominierten sind die amerikanischen Erfolgsserien *Desperate Housewives* und *The Big Bang Theory*. Bei der Preisverleihung sitzen Fürst Albert von Monaco und Hollywoodstar Eva Longoria (*Desperate Housewives*) in der ersten Reihe. Doch Selenskyj und seine Frau – in Smoking und Abendkleid – werden von den Sicherheitskräften vom roten Teppich gejagt: Wer sind diese Ukrainer? Eine witzige Geschichte, wie Selenskyj selbst sagt, die er oft und gern in allen Farben ausmalt.

Im Jahr 2009 verwirklicht Selenskyj seinen Traum: Er produziert einen Kinofilm. Die romantische Komödie *Liebe in der Großstadt* soll in Kiew handeln, aber Selenskyj findet keinen ukrainischen Investor. Das russische Unternehmen, das bereit ist, die Produktionskosten in Höhe von 3,5 Millionen Dollar zu übernehmen, hält nichts von der ukrainischen Hauptstadt als Location: Warum nicht New York? Selenskyj selbst spielt die Hauptrolle, fast alle Schauspieler sind Russen. »Wenn die Ukrainer bereit wären, in den Film zu investieren, würden die Gewinne in der Ukraine bleiben und die ukrainische Filmindustrie würde sich entwickeln«, sagt Selenskyj. *Liebe in der Großstadt* ist künstlerisch nicht sehr hochwertig, aber es ist ein kommerzieller Erfolg und der Beginn einer ganzen Reihe von romantischen Komödien – mit Selenskyj in der Hauptrolle.

Studio Kwartal 95 entwickelt sich so zu einem Imperium, einer auf Comedy-Sendungen spezialisierten Humorfabrik. Zwischen 2003 und 2022 produziert das Unternehmen zehn Spielfilme, vier Dokumentarfilme, vierzig Fernsehfilme und -serien sowie siebzehn weitere Programme. *Wetschernyj Kwartal* erlebt weiterhin im ganzen Land zahlreiche Vorstellungen. Als ob das nicht genug wäre, wird Selenskyj Produzent bei Inter oder, wie er es lieber nennt: Kreativdirektor. Er denkt sich sofort dreißig neue Formate aus. Inter freut sich über den kreativen Wirbelwind, ist aber weniger zufrieden mit den Zahlen: Perfektionist Selenskyj hat für alle Programme viel zu viel Geld ausgegeben.

Inzwischen kann niemand mehr Selenskyj ignorieren. Im Jahr 2011 moderiert er zusammen mit den russischen Sängern und Superstars Filipp Kirkorow und Alla Pugatschowa die Talentshow *The X Factor* im russischen Fernsehen. Wolodymyr Selenskyj aus der ukrainischen Provinzstadt Krywyj Rih ist in Moskau ein bekannter Name geworden. Aber seine Beziehung zu Russland gleicht einer Vernunftehe. »Um ehrlich zu sein, haben wir die Nase voll von all diesen russischen Stars«, verrät Selenskyj 2013 in einem Interview über seinen neuen Film. »Wir wollen der Öffentlichkeit zeigen, dass es genügend ukrainische Stars gibt.«

Einer der größten ukrainischen Stars ist Selenskyj selbst. 2008 kürt ihn ein ukrainisches Society-Magazin zum schönsten Mann des Landes. Selenskyj lässt sich davon nicht aus der Ruhe bringen und sagt dazu: »Warum der schönste Mann? Sie haben sich einfach einen beliebten ausgesucht. Ich bin nicht unzufrieden mit meinem Aussehen. Aber ich bin ein Komödiant. Für einen Komödianten ist es nicht so wichtig, schön zu sein.«

Im Jahr 2013 bekommen Wolodymyr und Olena ihr zweites Kind – einen Sohn. Kyrylo wird in der ukrainisch-orthodoxen Elias-Kirche in Kiew getauft, der ältesten Kirche der Kiewer Rus. Selenskyjs jüdische Eltern seien »verhindert« und könnten nicht an der Zeremonie teilnehmen, schreibt ein Gesellschaftsmagazin.

Seine Tochter Sascha ist in den letzten Jahren zu kurz gekommen. »Ich sehe meine Tochter fast nie«, sagt er 2010, »weil ich nie einen freien Tag habe.« Um sich seiner Familie zu widmen, verweigert Selenskyj sich selbst viel. »Ich unternehme nie etwas ohne die Familie, kein Bier am Freitagabend mit den Jungs, keine Clubs.« Das bedeutet aber nicht, dass ihm für Olena und die Kinder viel Zeit bleibt. »Ich versuche, jeden Abend mit der Familie zu verbringen«, sagt Selenskyj 2013. »Und wenn es nur zehn Minuten sind, ist das ein großer Gewinn für alle. Ich arbeite vierundzwanzig Stunden am Tag.«

Im Jahr 2008 kauft Selenskyj ein Haus in Iwankowytschi, einem umzäunten Villenviertel 35 Kilometer südlich von Kiew. Die Brüder Schefir sind Nachbarn. Selenskyj und seine Kollegen fahren oft gemeinsam mit der ganzen Familie in den Urlaub. »Ich muss jedes Mal versprechen, dass ich nicht alle auf Ausflüge mitschleppe«, sagt Selenskyj 2011. »Der Plan ist dann, an den Strand zu gehen und sich zu sonnen ... und wo endet das Ganze schließlich? Alle sonnen sich am Strand, und ich wandere die ganze Zeit allein.«

Inzwischen ist die orangefarbene Koalition von Präsident Juschtschenko und Julija Tymoschenko zerbrochen. Die Präsidentschaftswahl im Februar 2010 ist eine leichte Beute für Wiktor Janukowytsch, den Mann aus dem Donezk-Clan. Juschtschenko erhält knapp über 5 Prozent der Stimmen.

Die Ukrainer sind enttäuscht: In den vergangenen fünf Jahren war der scheidende Staatschef Juschtschenko nicht in der Lage gewesen, seine Versprechen in Bezug auf Reformen und Korruptionsbekämpfung einzuhalten. Janukowytsch hat erst gar keine Ambitionen in dieser Richtung. Unter seiner Präsidentschaft wird die Abschöpfung der Staatskasse ein Ausmaß erreichen, das selbst für ukrainische Verhältnisse beispiellos ist. Und der größte Plünderer ist Janukowytsch selbst.

Der neue Präsident beginnt sofort mit der Zentralisierung der Macht. Die ukrainische Verfassung besagt, dass Koalitionen nur von Fraktionen in der Rada gebildet werden können, doch Janukowytsch nutzt Bestechung und Einschüchterung, um eine Mehrheit mit einzelnen Abgeordneten zu schmieden. Seine neue Koalition erzwingt den Rücktritt von Janukowytschs größter Gegnerin, Julija Tymoschenko. Danach entlässt Janukowytsch die von der Regierung Juschtschenko ernannten Beamten, und das Verfassungsgericht hebt eine nach der Orangen Revolution vorgenommene Verfassungsänderung auf, die dem Parlament mehr Befugnisse gegenüber dem Präsidenten eingeräumt hatte. Schritt für Schritt unterwirft der Präsident die Gerichte der politischen Kontrolle; die Presse unterliegt der Zensur. Während der Präsidentschaft Janukowytschs aktualisiert die unabhängige amerikanische Organisation Freedom House ihre Bewertung der Ukraine von »frei« auf »teilweise frei«.

Im Namen des »Kampfes gegen die Korruption« beginnt Janukowytsch mit der strafrechtlichen Verfolgung seiner politischen Gegner – angefangen bei Tymoschenko. Ein erstes Verfahren wegen »illegaler« Verwendung von IWF-Geldern war erfolglos. Aber der Präsident lässt es nicht dabei bewenden. Im Winter 2009/2010 endeten die jährlichen Verhandlungen zwischen Russland und der Ukraine über den Gaspreis in einem erbitterten Konflikt. Die Verhandlungsführerin der Ukraine war Tymoschenko. Um seine Gegnerin ein für alle Mal loszuwerden, weist Janukowytsch die Staatsanwaltschaft an, ein Strafverfahren gegen die ehemalige Ministerpräsidentin wegen »Amtsmissbrauchs« während der Verhandlungen einzuleiten. 2011 verurteilt ein Janukowytsch-treues Gericht in Kiew Tymoschenko zu sieben Jahren Haft – ein Urteil, das die EU mit Nachdruck kritisiert. Der ehemalige Innenminister Jurij Luzenko wird ebenfalls inhaftiert.

In dem Bemühen, bei der Parlamentswahl im Osten Stimmen zu gewinnen, hebt Janukowytsch 2012 den Status der russischen Sprache an. Die Regionalparlamente dürfen nun neben dem Ukrainischen eine zweite »Regionalsprache« wählen, die in der Regierungskommunikation und vor Gericht verwendet werden kann. Obwohl das neue Gesetz auch andere Minderheitensprachen (wie Ungarisch) fördern soll, führen vor allem die Regionen im Südosten der Ukraine Russisch für die Regierungskommunikation ein – sehr zum Ärger der Opposition.

Am 9. Juli 2011 wird Janukowytsch 61 Jahre alt. Die große Geburtstagsfeier wird mit Auftritten bekannter Künstler geschmückt. Gastgeberin des Abends ist die prominente russische

Moderatorin Ksenija Sobtschak. Auch Selenskyj tritt auf – gegen ein saftiges Honorar. Journalisten schätzen die Kosten allein für die Auftritte auf 330 000 Dollar. Immerhin weniger als die 450.000 Dollar, die Janukowytsch für eine goldene Toilette ausgegeben haben soll.

Für Kwartal 95 hat der Präsident auch Geld übrig, und zwar eine ganze Menge. Im Jahr 2018 erzählt Selenskyj, dass Janukowytsch ihm 100 Millionen Dollar für die politische Kontrolle von *Wetschernyj Kwartal* und anderen Programmen angeboten habe. Selenskyj weigert sich. Dreimal wird er in den Präsidentenpalast bestellt. Jedes Mal bittet Janukowytsch Selenskyj, sich »vorsichtiger« zu äußern. Selenskyj erlebt die Gespräche als einschüchternd und wird später von einem »schwierigen Moment« in seinem Leben sprechen.

»Ich habe jedes Mal meinen Standpunkt erklärt: Ich kann nicht unter strenger Zensur arbeiten. In diesem Fall habe ich keine andere Wahl, als Kwartal 95 zu schließen. Ich sagte zu ihm: ›Wenn wir Kwartal schließen müssen, werde ich zur Presse gehen und hoffe, dass sie sich für uns einsetzen wird.‹ Daraufhin antwortete Janukowytsch: ›Nein, das halte ich nicht für richtig … die Schließung … Ich habe meine Meinung geändert.‹«

Kapitel 4

MAJDAN

Am 11. Dezember 2013 spielt Kwartal 95 die traditionelle Neujahrsshow, aber dieses Mal haben Selenskyj und seine Kollegen ihr Material endlos umgeschrieben – so viel ist in den vergangenen Wochen passiert.

Neun Jahre nach dem »ersten Majdan« haben die Demonstranten erneut ihre Zelte auf dem Unabhängigkeitsplatz in Kiew aufgeschlagen. Diesmal geht es nicht um gestohlene Wahlen, sondern um die Frage, ob die Ukraine ihren Kurs in Richtung Westen fortsetzen oder sich Russland anschließen soll. Präsident Janukowytsch hat ein viel diskutiertes Assoziierungsabkommen über wirtschaftliche Zusammenarbeit mit der Europäischen Union in letzter Minute abgesagt. Die Demonstranten fordern, dass Janukowytsch das Abkommen doch noch unterzeichnet oder aber zurücktritt.

Am 30. November befahl Janukowytsch der ukrainischen Spezialeinheit Berkut, den Majdan zu räumen. Es wurde brachiale Gewalt angewendet. Die Bilder von Polizisten, die brutal auf unbewaffnete Demonstranten einschlugen, schockierten die Nation und heizten die Proteste weiter an. In der Nacht vom 10. auf den 11. Dezember unternahm die Berkut einen weiteren Angriff auf den Majdan. Dieses Mal schlugen die Demonstranten zurück.

Selenskyj befürchtet, dass niemand zur Aufführung kommen wird, aber der Saal (mit viertausend Plätzen) ist fast ausverkauft.

»Viertausend Menschen im Zentrum von Kiew und kein einziger Berkut in Sicht«, scherzt Selenskyj. »Wie angenehm.« Das Publikum lacht, entspannt sich.

Wie immer schreckt Kwartal 95 auch vor aktuellen Themen nicht zurück. Wenn sich der Vorhang öffnet, sehen die Zuschauer Berkut-Polizisten in einem Halbkreis hinter ihren Schilden stehen.

»Unser Volk hat eine Tradition«, heißt es in der Ankündigung. »Alle zehn Jahre, um Neujahr herum, versammelt es sich auf dem Majdan, um einen Wandel einzuleiten ... und jedes Mal ist es dasselbe.«

Als sich der Kordon auflöst, ist ein reich gedeckter Tisch zu sehen, an dem zwei Männer speisen. Der ehemalige Präsident Wiktor Juschtschenko (Selenskyj) und Präsident Wiktor Janukowytsch (Oleksandr Pikalow) waren während der Orangen Revolution 2004 ideologische Gegner, aber danach haben sie sich zusammengetan, und in der Ukraine ist alles beim Alten geblieben. Selenskyj stellt die beiden Politiker als Mitglieder der gleichen korrupten Clique dar. Ein behelmter Berkut-Offizier schenkt Wodka ein. Janukowytsch erhebt sein Glas: »Lasst uns trinken.«

Dann erscheint der ehemalige Boxweltmeister Vitali Klitschko (gespielt von Jurij Korjawtschenkow) auf der Bildfläche – einer der Anführer der Proteste auf dem Majdan.

»Vitali, was machen Sie denn hier?«, fragt Janukowytsch. »Warum sind Sie nicht an der Front?«

»Ich werde nicht gehen«, sagt Klitschko.

»Sie wollen sicher keine Leute schlagen«, sagt Juschtschenko verständnisvoll, aber Klitschko schüttelt den Kopf. »Ich habe eine goldene Regel im Leben: Ich schlage Leute nur für Geld.«

Der Oppositionsführer Arsenij Jazenjuk (Jurij Krapow) steht auf. Jetzt, da Julija Tymoschenko seit mehr als zwei Jahren im Gefängnis sitzt, leitet Jazenjuk die »Vaterlandspartei«.

»Ich, Arsenij Jazenjuk, bin der Führer der Opposition«, ruft er durch ein Megafon. »Leute, steht auf!«

»Sag auch etwas über Julija«, zischt Klitschko.

Jazenjuk lässt das Megafon sinken. »Lass Julija ruhig noch eine Weile sitzen.«

Viele bekannte Ukrainer zeigen sich während der Unruhen auf dem Majdan-Platz. Während eines Auftritts ruft die Gewinnerin des Eurovision Song Contest 2004, Ruslana, dass sie sich »in Brand setzen« wolle, wenn die Regierung nicht sofort zurücktrete. Der Rockstar Swjatoslaw Wakartschuk und seine Band Okean Elzy erwärmen die Herzen der Demonstranten, die seit Wochen im Schnee kampieren. Ihr Lied »Ich werde nicht kampflos aufgeben« handelt eigentlich von der Liebe, ist aber zum Kampflied des Euromajdan geworden.

Während sich andere ukrainische Stars mit Nachdruck an den Protesten beteiligen, hält sich Selenskyj abseits. Er tritt nicht auf dem Unabhängigkeitsplatz auf. »Wir kommunizieren über *Wetschernyj Kwartal*«, sagt Selenskyj. »Ich will demonstrieren, aber für die Menschen, nicht für die Versprechen der Regierung oder der Opposition.«

Präsident Janukowytsch hätte die Wahl zwischen Ost und West lieber nicht getroffen. Seit seiner Wahl im Jahr 2010 setzt der Politiker aus dem Donbass die Außenpolitik des früheren Präsidenten Kutschma fort: Er hält sich beide Türen offen. Janukowytsch hat die Beziehungen zur EU gestärkt und gleichzeitig sein Interesse an einer Integration in die Zollunion von Russland, Belarus und Kasachstan bekundet – ein Projekt, das in den

Augen Putins ein vollwertiges Gegenstück zur EU, die »Eurasische Union«, werden könnte. Ein solches doppeltes Spiel ist der Ukraine in der Vergangenheit stets zugutegekommen, einerseits in Form von europäischen Subventionen und andererseits in Form von Rabatten auf russisches Gas.

Aber Janukowytsch hat kein Geld mehr. In den vergangenen vier Jahren haben der Präsident und seine Geschäftsfreunde (im Volksmund »die Familie« genannt) die Staatskasse des ärmsten Landes Europas vollständig geplündert. Seit seinem Antritt 2010 wurden mindestens 40 Milliarden Dollar an Staatsvermögen veruntreut. Janukowytsch und »die Familie« haben so viel gestohlen, dass für die laufenden Ausgaben kein Geld mehr übrig ist – und das zu einer Zeit, in der das Wirtschaftswachstum ebenfalls auf null Prozent gesunken ist.

Janukowytsch hat bereits an die Tür des Internationalen Währungsfonds geklopft, aber der Kredit des IWF ist an harte Bedingungen geknüpft, wie die Sanierung der Staatsfinanzen und weitreichende Wirtschaftsreformen – Bedingungen, die das Ende von Janukowytsch und seinen Leuten bedeuten würden. Präsident Putin wirft einen Rettungsring aus: Wenn die Ukraine der russischen Zollunion beitritt, erhält Janukowytsch einen Kredit von 15 Milliarden Dollar und einen satten Rabatt von 33 Prozent auf den Gaspreis.

Zur Verteidigung dieses Abkommens versucht Janukowytsch, seinen Anhängern weiszumachen, dass die Zusammenarbeit mit der EU negative Folgen für die Wirtschaft hätte – sie würde zu höheren Preisen und Arbeitslosigkeit führen. Gegen die Europäische Union führt Janukowytsch geopolitische Argumente ins Feld. »Seit dreieinhalb Jahren stehe ich allein gegen die Supermacht Russland«, sagt der ukrainische Präsident zu Bundeskanzlerin Angela Merkel. Es ist der 28. November 2013, die politischen Führer nehmen an einem Gipfel in der litauischen

Hauptstadt Vilnius teil, auf dem das europäische Assoziierungsabkommen feierlich unterzeichnet werden soll. Janukowytsch ballt demonstrativ beide Fäuste.

Doch viele Ukrainer akzeptieren den Ausverkauf ihres Landes nicht. Umfragen zeigen, dass mindestens die Hälfte der Bevölkerung für eine Annäherung an die EU ist. Nun droht das Land mit einem Schlag in die russische Einflusssphäre zurückzukehren. Vor allem in der Westukraine sind die Menschen wütend: Die Kluft zwischen Ost und West, zwischen der Partei der Regionen und der Opposition, zwischen einer Annäherung an Moskau und einem proeuropäischen Kurs scheint plötzlich unüberbrückbar zu sein. Als der Kwartal-Schauspieler Oleksandr Pikalow – der immer den Präsidenten spielt – auf den Majdan kommt, um seine Solidarität mit den Demonstranten zu bekunden, erwartet ihn eine böse Überraschung. »Plötzlich fingen die Demonstranten an, mich zu beschimpfen, als ob ich der echte Janukowytsch wäre.«

Zu Beginn des neuen Jahres gleicht das Zentrum von Kiew einem Kriegsgebiet. Auf dem Unabhängigkeitsplatz bauen Demonstranten mit Helmen und Schilden meterhohe Barrikaden. Jeden Tag kämpfen sie mit der Berkut. Freiwillige stellen Molotowcocktails her, Ärzte kümmern sich um die Verwundeten. In den eisigen Winternächten brennen Autoreifen auf dem Majdan-Platz.

Um die Proteste zu beenden, setzt Janukowytsch auf Terror. Am 25. Dezember zerren unbekannte Männer die Enthüllungsjournalistin Tetjana Tschornowol aus ihrem Auto und verprügeln sie. Im Januar werden zwei verletzte Aktivisten aus einem Krankenhaus entführt, gefoltert und in den Wäldern außerhalb Kiews zurückgelassen. Einer von ihnen, Jurij Werbizkij, erliegt seinen Verletzungen.

Am 18. Februar 2014 enden die Proteste auf dem Majdan in einem Blutbad, als 20 000 Demonstranten versuchen, zum Parlament zu marschieren. Die Massen werden von der Berkut aufgehalten, in den Straßen des Zentrums tobt eine regelrechte Schlacht. Das Büro der Partei der Regionen wird in Brand gesetzt. Die Polizei und der Geheimdienst kündigen an, mit allen Mitteln den Unruhen ein Ende zu setzen. Scharfschützen eröffnen das Feuer von den Dächern aus. Bilder von Demonstranten, die erschossen werden, während sie verzweifelt hinter ihren Metallschilden Schutz suchen, gehen um die Welt. Innerhalb von drei Tagen werden 71 Demonstranten und 11 Polizeibeamte getötet. Die rücksichtslose Gewalt macht Janukowytschs Position unhaltbar. Dutzende Abgeordnete seiner Partei der Regionen treten aus der Fraktion aus.

Kwartal 95 gibt bekannt, dass alle Vorstellungen abgesagt werden. »In diesem Land geschehen schreckliche Dinge«, sagt ein aufgewühlter Selenskyj der ukrainischen Ausgabe der *Komsomolskaja Pravda*. »Ich bin am Rande des Zusammenbruchs, ich habe Angst und bin wütend.« Aber auch jetzt hält Selenskyj an seiner politisch neutralen Position fest. »Was ist notwendig, um die Lage in der Ukraine zu stabilisieren? Die vier Führer des Landes – die drei Oppositionsführer und der Präsident – sollten sofort das Land verlassen!«

Seit der zweiten Januarhälfte verhandelt Janukowytsch mit den drei Oppositionsführern Arsenij Jazenjuk (Vaterlandspartei), Vitali Klitschko (Vorsitzender seiner Partei UDAR [Ukrainische Demokratische Allianz für Reformen, »udar« = ukrainisch für »Schlag«]) und Oleh Tjahnybok (von der rechtsnationalistischen Partei »Freiheit«). Ohne Ergebnis. Während die Politiker stritten, würden im Zentrum von Kiew Ukrainer erschossen, argumentiert Selenskyj: »Das Volk *muss* andere

Führer wählen, sonst lassen sich neue Opfer nicht vermeiden. Diese vier sind verantwortlich für die Ukrainer, die jetzt getötet wurden.«

Der Majdan gewinnt. Nach Vermittlung durch Deutschland, Frankreich und Polen unterzeichnet Janukowytsch ein Abkommen mit der Opposition. Der Präsident bleibt vorerst im Amt, aber noch vor Ende des Jahres werden vorgezogene Neuwahlen angesetzt.

Die erschossenen Demonstranten (die »Himmlischen Hundert«) werden in ihren Särgen über den Unabhängigkeitsplatz getragen. Am Abend versucht Vitali Klitschko auf dem Platz, der Menge die Vereinbarung mit Janukowytsch zu erklären. Klitschko wird ausgebuht – die Demonstranten fordern Janukowytschs sofortigen Rücktritt. Aktivisten des ultranationalistischen Rechten Sektors drohen, den Präsidentenpalast zu stürmen – bei Überfällen auf Polizeistationen in Lwiw haben sie Hunderte Schusswaffen erbeutet. In dieser Nacht beginnen die Berkut, massenhaft zu desertieren. Auch Minister und hohe Beamte fliehen: Vom internationalen Flughafen Kiew-Schuljany startet eine Privatmaschine nach der anderen ins Ausland.

Am Abend des 21. Februar fliegt Janukowytsch nach Charkiw. Am nächsten Tag findet dort ein Kongress mit Vertretern aus der Ostukraine und der Krim unter dem Titel »Stoppt den Majdan« statt. Die Teilnehmer des Kongresses beschließen, dass die lokalen Behörden nicht mehr auf Kiew hören sollen. Aber nicht alle in Charkiw sind damit einverstanden: Hunderte wütende Majdan-Anhänger protestieren vor dem Kongressgebäude.

Als Janukowytsch die angespannte Lage in Charkiw sieht, bekommt er Angst: Der Präsident fliegt nach Donezk und bittet den Milliardär Rinat Achmetow um Unterstützung. Aber auch der reichste Mann des Landes ist der Meinung, dass der Präsident zurücktreten sollte. Janukowytsch beschließt, eilig nach Russland abzureisen, doch die Flugsicherung des örtlichen Flughafens verweigert seinem Privatjet die Starterlaubnis. Russische Spezialeinheiten (Speznas) bringen den abgesetzten Präsidenten schließlich mit dem Auto zu einem russischen Marinestützpunkt auf der Krim. Von dort aus reist er nach Russland.

Nach dem Bekanntwerden des Verschwindens von Janukowytsch tritt die nun stark ausgedünnte Werchowna Rada zusammen. Das ukrainische Parlament stimmt mit 328 Stimmen ohne Gegenstimme und bei 6 Enthaltungen für die Amtsenthebung des Präsidenten. Am selben Tag beschließt die Rada, dass Julija Tymoschenko unverzüglich freigelassen werden soll. Ihre Vaterlandspartei erhält die Schlüsselpositionen. Oleksandr Turtschynow wird zum Interimspräsidenten ernannt und Parteichef Arsenij Jazenjuk Ministerpräsident der neuen Regierung. Am nächsten Tag verkündet das Parlament, dass das Gesetz, das dem Russischen den Status einer »regionalen Verwaltungssprache« verleiht, aufgehoben werden soll.

Während auf dem Majdan gefeiert wird, gibt es in der Ostukraine fast täglich Proteste gegen den Kiewer Aufstand. Demonstranten in Charkiw und Donezk fordern Autonomie. Einige schwenken russische Flaggen.

Der Kreml ist zutiefst enttäuscht über Janukowytschs wilde Flucht. In den vergangenen Wochen hat Russland alles getan, um den ukrainischen Präsidenten an der Macht zu halten. Am 20. und 21. Februar hält sich der FSB-General Sergej Beseda zu Beratungszwecken in Kiew auf. Präsident Putin telefoniert täglich mit Janukowytsch. Die Krise in der Ukraine trübt die festliche Atmosphäre rund um die Olympischen Winterspiele in Sotschi, bei denen Russland dank Doping im großen Stil die meisten Medaillen gewinnt. Putin könnte Janukowytsch erschießen lassen. »Was für ein unvorstellbares Arschloch und was für ein Feigling«, wettert er nach Angaben des Enthüllungsjournalisten Michail Sygar.

Am Abend des 22. Februar beruft der russische Präsident den Sicherheitsrat in seine Residenz bei Moskau ein. Die Krisensitzung dauert die ganze Nacht. »Das Treffen endete gegen sieben Uhr morgens«, erinnert sich Putin später. »Als wir uns trennten, sagte ich zu meinen Kollegen: Wir müssen damit beginnen, die Krim nach Russland zurückzuholen.«

Fünf Tage später besetzen russische Kommandos das lokale Parlament in Simferopol. Bewaffnete Männer in Tarnkleidung jagen die Parlamentarier in den Plenarsaal, wo sie in einem Referendum über die Abspaltung der Krim abstimmen sollen. Überall auf der Halbinsel patrouillieren Soldaten auf den Straßen. Russische Soldaten – ohne militärische Hoheitszeichen – besetzen strategische Objekte wie Bahnhöfe, Polizeistationen und Rathäuser. Die Stützpunkte der ukrainischen Armee sind abgeriegelt.

Seit Tagen behauptet der Kreml, er wisse nicht, wer die »kleinen grünen Männchen« sind, die die Krim übernommen haben. »Wenn Sie mit uns in ein Geschäft gehen, können Sie dort jede Uniform kaufen«, sagt Putin lakonisch.

Am 28. Februar hält Janukowytsch eine Pressekonferenz in Rostow ab. Der ehemalige Präsident wirkt kämpferisch. »Ich bin nicht abgesetzt worden«, sagt er. »Ich war gezwungen, die Ukraine zu verlassen, weil mein Leben und das meiner Angehörigen in Gefahr war.« Janukowytsch sagt, er erkenne die neue Regierung Turtschynow nicht an. Obwohl der geflüchtete Präsident beteuert, dass er »jede Form der militärischen Einmischung« inakzeptabel finde, appelliert er wiederholt an Putin: »Ich denke, Russland sollte handeln.« Das ist Wasser auf die Mühlen der Demonstranten, die in der gesamten Ostukraine auf die Straße gegangen sind. Viele russischsprachige Ukrainer sind verärgert über die Absetzung »ihres« Präsidenten und über die Pläne, Russisch als Regierungssprache abzuschaffen. In den Provinzen Donezk und Luhansk sehen viele Menschen russische Fernsehsender, in denen ständig von einem »Putsch« ukrainischer Nationalisten und »Faschisten« die Rede ist, die ethnische Russen ausrotten wollen.

Selenskyj beschließt, dass er nicht länger abseits stehen kann, er muss sich zu Wort melden. Am 1. März hat der Komiker einen Gastauftritt in den Nachrichten des Senders 1+1, bei dem Studio Kwartal 95 unter Vertrag steht. Selenskyj wendet sich direkt an Janukowytsch. »Ich kenne Sie persönlich, wir sind uns schon mehrmals begegnet«, sagt Selenskyj. »Sie sind ein Mann mit Charakter. Jetzt müssen Sie wieder stark sein und zur Seite treten. Sie sind nicht mehr Präsident, das hat das ukrainische Volk entschieden.«

Selenskyj hat auch eine Botschaft an die Übergangsregierung und die Rada. »Ich wende mich auch an die derzeitigen Machthaber. Wenn die Menschen im Osten oder auf der Krim Russisch sprechen wollen, lassen Sie sie in Ruhe.«

Dann wendet er sich an Präsident Putin, dessen »kleine grüne Männchen« auf der Krim den ukrainischen Soldaten gegenüberstehen. »Lieber Wladimir Wladimirowitsch, bitte vermeiden Sie auch nur die kleinste Andeutung eines möglichen militärischen Konflikts. Ich flehe Sie auf meinen Knien an, wenn es sein muss.«

Aber der Krieg wird kommen. Am 16. März stimmt die Bevölkerung der Krim mit einer an Nordkorea erinnernden Mehrheit von 96,7 Prozent für den Anschluss an die Russische Föderation. Unabhängige Beobachter sehen Anzeichen für eine groß angelegte Manipulation des Wahlgangs. Am 18. März unterzeichnet Putin die Dokumente zur offiziellen Eingliederung der Krim in die Russische Föderation.

Das ist noch nicht alles. Am 6. April endet eine Demonstration im Zentrum der Stadt Donezk mit der Erstürmung des Sitzes der Provinzregierung. Die Demonstranten verschanzen sich hinter Barrikaden und rufen die Volksrepublik Donezk aus. Auf dem Platz vor dem Gebäude der Provinzregierung geben aggressive Muskelmänner in Lederjacken den Ton an. Die Polizei ist nirgends zu sehen.

Am 12. April besetzt der Russe Igor Girkin, ein ehemaliger Offizier des FSB, mit etwa achtzig bewaffneten Freiwilligen die Stadt Slowjansk im Norden der Provinz Donezk. Girkin, von den Separatisten Strelkow (deutsch: Schütze) genannt, ist ein Nationalist mit imperialistischen Ideen. Mit der Besetzung hofft er, einen Volksaufstand im Donbass zu provozieren, der zur russischen Eroberung von Noworossija – die alte, zaristische Bezeichnung für den Südosten der Ukraine – führen wird. Auch in anderen Städten übernehmen die Separatisten die Kontrolle mit Waffengewalt. Viele von ihnen haben in der sowjetischen Armee gedient, wie Igor Besler (genannt Bes, Teufel) in Horliwka. Andere haben russische Pässe, wie Alexandr Borodaj, der im Mai zum Premierminister der Volksrepublik Donezk ernannt wird. Vom ukrainischen Geheimdienst SBU abgehörte Telefongespräche zeigen, dass Girkin und Borodaj in Kontakt mit der russischen Regierung stehen.

Ein bewaffneter Konflikt ist unvermeidlich geworden. Interimspräsident Turtschynow mobilisiert die Armee und ruft eine

»antiterroristische Operation« aus. Am 13. April umstellen ukrainische Truppen Slowjansk. Als Separatisten versuchen, die Polizeistation im benachbarten Kramatorsk einzunehmen, wird geschossen. Gepanzerte Fahrzeuge der ukrainischen Armee fahren auf den Straßen des Donbass, Kampfflugzeuge kreisen am Himmel.

Unter diesen Umständen tourt Kwartal 95 mit einem neuen Programm durch die Ostukraine. Am 15. April tritt Selenskyj in Donezk auf, am 17. April ist die Truppe im benachbarten Horliwka. Vor dem Auftritt in Donezk gibt Selenskyj der örtlichen Presse ein Interview.

»Hatten Sie keine Angst, angesichts der aktuellen Unruhen in den Donbass zu kommen?«, fragt ein Journalist.

»Unsere Familien sind besorgt«, sagt Selenskyj, »aber sie dachten auch, wir sollten gehen und Comedy machen. Wir sind gekommen, um die Stimmung zu heben. Wir werden heute sehen, ob der Saal voll ist.«

Ein anderer Journalist fragt, ob Selenskyj noch einen Ausweg aus der Krise sehe.

»Das Einzige, was wir in dieser Zeit für die Ukraine tun können, ist, zur Einheit aufzurufen«, antwortet er.

Selenskyj ist nach wie vor davon überzeugt, dass die Unruhen im Osten und die Annexion der Krim auf die innere Spaltung seines Landes und die anhaltenden politischen Konflikte zurückzuführen sind. »Wenn wir endlich lernen, uns gegenseitig zu lieben, wird sich niemand abspalten«, sagt er. Die Auftritte in Donezk und Horliwka sind eine ausgestreckte Hand.

An diesem Abend ist der Saal im alten sowjetischen Theater »Palast der Jugend« in Donezk fast ausverkauft. Kwartal hat das Programm für den Abend leicht geändert. Die Nummer, in der die Kosaken einen Brief an Putin schreiben – eine Anspielung auf den berühmten (aber apokryphen) Schmähbrief aus dem siebzehnten Jahrhundert an den osmanischen Sultan –, wurde gestrichen. Dafür werden andere Sketche gegeben. Oleh Tjahnybok (Selenskyj) von der ultrarechten Partei Freiheit betritt die Bühne und ruft die alte nationalistische Parole, die sich seit dem Majdan-Aufstand durchgesetzt hat: »Slawa Ukraini!« (Ehre der Ukraine!)

»Oleh, bist du verrückt geworden oder was? Wir sind in Donezk!«

Aber Selenskyj will das Publikum nicht nur erheitern: »Es wäre eigentlich gar nicht so schlecht, wenn Putin Präsident der Ukraine würde«, sagt er. »Das würde bedeuten, dass wir die Krim zurückbekommen.«

Kwartal singt ein melancholisches Lied über die Annexion, eine Coverversion eines Hits der russischen Sängerin Alla Pugatschowa über Liebeskummer. In Selenskyjs Version ist die Krim die Geliebte, die mit einem anderen durchgebrannt ist. Von der Aufführung in Donezk ist kein Mitschnitt erhalten geblieben, aber bei einer anderen Gelegenheit hat Selenskyj Tränen in den Augen, als er das Lied noch einmal singt:

> Eines Tages wirst du zu mir zurückkommen,
> Weil du die plumpen Lügen und die Waffen nicht ertragen kannst.
> Daran glaube ich so sehr,
> Dass ich den ganzen Tag vor der Tür stehe und warte.

Am 25. Mai, das Zeltlager auf dem Majdan-Platz ist kaum geräumt, findet die vorgezogene Präsidentschaftswahl statt. Petro Poroschenko, ein Milliardär, der mit einem Süßwarenunternehmen reich geworden ist, gewinnt in der ersten Runde.

Damit hat sich die Ukraine für einen Oligarchen mit einer langen Karriere in der Politik entschieden, aber ausdrücklich nicht für die Vaterlandspartei, die durch den Majdan an die Macht gekommen war. Listenführerin Julija Tymoschenko erhielt nicht mehr als 12,8 Prozent der Stimmen. Selenskyj stimmte für Poroschenko, ebenso wie seine Eltern, ehemalige Anhänger von Janukowytsch.

Poroschenko muss ein bankrottes Land regieren: »Als ich Präsident wurde, und das ist kein Witz, hatten wir in unserer Staatskasse 4000 Dollar in bar und Goldreserven von 5 Milliarden. Und das, während wir innerhalb weniger Monate 7,5 Milliarden Dollar an Staatsschulden abtragen mussten.« Die katastrophalen Finanzen sind ein zusätzliches Problem, da die Kämpfe mit bewaffneten Separatisten weiter eskalieren. Die ukrainische Armee ist in so schlechtem Zustand, dass die Regierung auf Freiwilligenbataillone zurückgreifen muss, die überall im Land gebildet werden. Unter den Freiwilligen befinden sich viele Nationalisten, darunter Radikale des Rechten Sektors. In der Propagandasprache der russischen Staatssender werden sie als »Nazis« und »Einsatzgruppen« bezeichnet, die die russischsprachige Bevölkerung im Donbass ausrotten wollten. In Wirklichkeit greifen auch die russischsprachigen Ukrainer massenhaft zu den Waffen, um ihr Land zu verteidigen. Im Juni ordnet Poroschenko eine Großoffensive an, und die Separatisten der Volksrepublik Donezk und der benachbarten Volksrepublik Luhansk werden langsam zurückgedrängt.

Im Mai wird Selenskyj für die Dreharbeiten zu dem Spielfilm *Acht neue Dates*, der Fortsetzung der romantischen Komödie *Die ersten acht Dates,* in Moskau sein. Der Film ist wieder eine ukrainisch-russische Koproduktion, an der bekannte Schauspieler aus beiden Ländern beteiligt sind. Zwischen den Drehtagen findet der künstlerische Leiter noch Zeit für einen

Auftritt in der Kwartal-95-Sendung *Nur Nachrichten,* in der er vom Roten Platz aus Witze über Putin macht. Selenskyj sieht, wie die Annexion der Krim zu großer Euphorie in Russland geführt hat. Unter dem Slogan »Die Krim gehört uns« treiben die staatlichen Medien die nationale Hysterie auf die Spitze – sehr zum Ärger von Selenskyj. Der Komiker streitet sich mit russischen Freunden wie dem Schauspieler Alexej Tschadow. »Er sagte mir in einem Restaurant, die Krim gehöre ihnen. Da wurde ich so wütend, dass sie die Polizei rufen mussten«, erinnert sich Selenskyj später.

Im Donbass verlieren die Separatisten immer mehr an Boden. Igor Girkin muss Slowjansk aufgeben und flieht nach Donezk, wo er sich zum Verteidigungsminister ernennt. Girkin telefoniert verzweifelt mit Sergej Aksjonow, der von russlandtreuen Kräften zum »Ministerpräsidenten der Republik Krim« ernannt wurde. Moskau muss mehr Waffen schicken: Panzer, Artillerie, schwere Luftabwehrsysteme. Am 17. Juli wird eine Boeing 777, Flug MH17 der Malaysia Airlines, die sich auf dem Weg von Amsterdam nach Kuala Lumpur befindet, über dem Osten der Ukraine von einer russischen Buk-Flugabwehrrakete abgeschossen. Alle 298 Menschen an Bord, darunter 196 niederländische Staatsangehörige, kommen ums Leben. Der Anschlag – mit so vielen westlichen Opfern – macht der Welt schlagartig klar, dass in der Ukraine Krieg herrscht und wer für die Gewalt verantwortlich ist. Schon am nächsten Tag gibt Washington bekannt, dass die Rakete vom Gebiet der prorussischen Separatisten abgefeuert wurde. Der Westen kündigt eine neue Runde von Wirtschaftssanktionen gegen Russland an.

Moskau hat jedoch nicht die Absicht, Kiew den Sieg zu überlassen. Als die ukrainische Armee Donezk einzukreisen droht, überschreitet die russische Armee – wiederum ohne militärische

Hoheitszeichen auf ihren Uniformen – die Grenze. Anfang August werden die Ukrainer in der Nähe von Ilowajsk eingekesselt: Hunderte Menschen sterben.

In einer schwülen Augustnacht tritt Kwartal 95 an der Front in Kramatorsk vor begeisterten Soldaten auf. Olena Krawez hat sich zunächst nicht getraut, wurde aber von den anderen überredet. Ebenfalls dabei ist Kwartal-Schauspieler Stepan Kasanin, der russischer Staatsbürger ist. Nach dem Ausbruch des Krieges gab es einige »ernste Gespräche« innerhalb des Unternehmens, aber inzwischen herrscht bei Kwartal wieder Einigkeit.

Auf einer improvisierten Bühne, vor einem Hintergrund aus schwarzem Plastik, beendet Kwartal die Show wie immer mit einem nostalgischen Lied:

Ich liebe mein Heimatland,
Obwohl ich manchmal ein anderes Schicksal gesucht habe.
Aber von Nord nach Süd, von West nach Ost,
Hör zu, Bruder, ich würde mein Land niemals spalten.

[...]

Aber was ist das Heimatland?
Eine kaltherzige Stiefmutter oder eine liebevolle Mutter?
Vielleicht sollten wir unsere Konflikte beilegen.
Ich möchte einfach nur in Frieden und Ruhe leben.

Kwartal 95 ist an der gesamten Frontlinie tätig, nicht nur in Kramatorsk, sondern auch in Slowjansk und in Mariupol. Die Aufführungen hinterlassen einen tiefen Eindruck bei Selenskyj. Zuvor hatte er – wie die meisten Ukrainer – ein negatives

Bild vom Militär mit seinem Kadavergehorsam und der sadistischen Schikanierung neuer Rekruten. Die Soldaten, denen er an der Front begegnete, seien jedoch ganz anders gewesen, sagt Selenskyj in einem Interview: »Wenn diese Art von Menschen die Basis einer neuen ukrainischen Armee bilden würde, wären Sie sofort bereit, Ihre Kinder dienen zu lassen. Ich habe echte Männer gesehen, die schwere Prüfungen durchstehen mussten und trotzdem menschlich geblieben sind.«

Da es der ukrainischen Armee an allem fehlt, unterstützen viele Ukrainer das Militär finanziell, damit Uniformen, Stiefel und Proviant gekauft werden können. Auch Selenskyj spendet. Seit Langem versucht er, Ost und West zu versöhnen, verteidigt die russische Sprache und zeigt Verständnis für die Separatisten im Donbass. Doch bei seinem Auftritt vor dem Militär in Kramatorsk ruft er den Soldaten zu: »Danke, dass Sie unser Land gegen diesen Abschaum verteidigt haben!«

»Ich habe mich immer als ukrainischer Staatsbürger gesehen, aber tief im Inneren habe ich mich nie als Ukrainer gefühlt«, sagt Selenskyj im Oktober einem Journalisten. »Ich wollte immer ein Weltbürger sein, der überall auf der Welt leben und arbeiten kann. Jetzt sind die Bürger der Ukraine zu echten Ukrainern geworden.«

In Russland bleibt Selenskyjs Unterstützung für die ukrainische Armee nicht unbemerkt. In den russischen Medien diskutieren seine Moskauer Showbiz-Kollegen darüber, wie der Showman so tief sinken konnte. Russische Parlamentarier werfen ihm vor, ukrainische »Todesschwadronen« mit 75 000 Dollar gesponsert zu haben. Die russische Staatsanwaltschaft leitet ein Strafverfahren gegen ihn ein.

Acht neue Dates wird im Dezember in Moskau ohne Selenskyj uraufgeführt. Der Direktor von Studio Kwartal 95 sagt, er habe keine Lust, daran teilzunehmen. Langsam, aber sicher verliert das Studio Kwartal 95 den russischen Markt – ein harter Schlag für Selenskyjs Geschäftsimperium.

Ein paar Jahre später, im Jahr 2018, fragt der ukrainische Journalist Dmytro Hordon Selenskyj: »Hat Sie der Umstand, dass Sie sich wie ein anständiger Mensch verhalten haben, tatsächlich eine Menge Geld gekostet?«

Selenskyj ist offen: »Wenn wir über den Umsatz unseres Unternehmens sprechen, sicherlich. Mit Fernsehserien haben wir 150 000 bis 200 000 Dollar pro ausgestrahlter Stunde verdient. Nachdem wir unsere Geschäfte in Russland eingestellt hatten, blieben höchstens 30 000 Dollar übrig.«

Hordon nickt.

»Aber um ehrlich zu sein, mache ich mir darüber überhaupt keine Sorgen«, sagt Selenskyj. »Absolut nicht.«

Kapitel 5

DIENER DES VOLKES

Es ist August 2017, als Anatoli Jazetschko das Gelände der Studios von 1+1 betritt. Der YouTuber trägt Shorts, ebenso sein Kameramann; es ist ein heißer Sommertag.

Im Schminkbereich ist es dunkel und kühl. Jewhen Koschowyj empfängt Jazetschko in Hemd und Krawatte: In Kürze beginnen die Dreharbeiten für die neue Staffel der Erfolgsserie *Diener des Volkes,* in der der Geschichtslehrer Wassyl Holoborodko, gespielt von Wolodymyr Selenskyj, zum Präsidenten der Ukraine gewählt wird. Koschowyj spielt den Außenminister.

Nach Selenskyj ist Koschowyj der größte Star von Kwartal 95. Er teilt seinen Künstlerwagen mit seinem Chef und besten Freund. »Das sind Wowas Sachen«, sagt der Schauspieler, als Jazetschko sich in den Schminkstuhl gesetzt hat.

»Und das?«, fragt der Vlogger. Triumphierend hält er ein kleines Taschenbuch vor die Kamera: *Hundert kurze Lektionen Ukrainisch.* »Ist das auch seins?«

»Äh, ja«, sagt Koschowyj, aber dann überlegt er es sich anders. »Ich denke, das gehört eigentlich uns allen.«

Wie Koschowyj ist Wolodymyr Selenskyj russischsprachig aufgewachsen, Ukrainisch hat er erst in der Schule gelernt. Die Aufführungen von Kwartal 95 finden fast ausschließlich in russischer Sprache statt. Obwohl Selenskyj Ukrainisch gut versteht, beherrscht er die Sprache nur mäßig – nicht gut genug, um ein Gespräch zu führen.

Das ist ein Problem. Der Majdan-Aufstand von 2014 und der Ausbruch des Krieges in der Ostukraine haben zu einer Welle des Patriotismus und einer großen Abneigung gegen Russland geführt. Ukrainisch ist hip, Russisch passé. Um die Verwendung der ukrainischen Sprache zu fördern, führt die Regierung Poroschenko Quoten ein: 75 Prozent der Beiträge in den nationalen Fernsehsendern müssen auf Ukrainisch sein. Poroschenko arbeitet auch daran, das Sprachgesetz von Janukowytsch rückgängig zu machen.

Selenskyj verwendet mehr und mehr ukrainische Wörter und Ausdrücke, aber er macht keine wirklichen Fortschritte. In der Zwischenzeit hatte er einen Lehrer eingestellt, erzählt der Komiker im Frühjahr 2017. Selenskyj sagt, er tue es »für sich selbst«: »Ich denke, es ist gut, Ukrainisch zu sprechen.« Und scherzt: »In nicht allzu ferner Zeit werde ich so schnell reden, dass ich geantwortet habe, bevor Sie überhaupt die Chance hatten, eine Frage zu stellen.«

Selenskyj arbeitet auch in anderen Bereichen hart an sich. Als Tochter Sascha einmal weinend aus der Schule kommt, weil ihr erklärt wurde, dass Zigaretten krebserregend seien, gibt er das Rauchen auf. Für die Hauptrolle in *Diener des Volkes* nimmt er sechs Kilo ab und beginnt ein rigoroses Fitnessprogramm mit einem Personal Trainer. Selenskyj ist Ende dreißig, aber manchmal fühlt er sich gar nicht mehr jung.

Im Jahr 2016 wird er von zwei jungen Komikern für den YouTube-Kanal Stand-up Boys interviewt. »Heute geht ein Kindheitstraum von Bohdan und mir in Erfüllung«, erzählt der Mittzwanziger Serhij Lychowyda, ein Hipster mit Brille und schwarzem Bart.

»Wir sind im Gespräch mit Wolodymyr Selenskyj«, fügt sein Kollege Bohdan Gnativ enthusiastisch hinzu.

»Junge«, lacht Selenskyj schüchtern, »wenn bärtige Männer sagen, dass du ihr Kindheitstraum bist ...«

Auch *Diener des Volkes* war lange Zeit ein Traum. Bereits 2005 spielten Selenskyj und seine Kollegen mit der Idee, eine Comedy-Serie über die Art und Weise, wie die Ukraine regiert wird, zu drehen. In den ersten Entwürfen hieß die Serie *Die junge Nation*, und die Hauptfigur war ein junger, idealistischer Politiker in der Provinz. »Schon damals wollten wir Veränderungen«, sagt Selenskyj später.

Die Schlüsselszene der ersten Folge, die am 16. November 2015 ausgestrahlt wird, ist ukrainische Fernsehgeschichte. Der junge Geschichtslehrer Wassyl Petrowytsch Holoborodko ist gerade mit dem Unterricht beschäftigt, als ein anderer Lehrer hereinkommt: In einer Woche seien Wahlen, und die Schule soll als Wahllokal dienen. »Steht alle auf, und geht auf den Schulhof«, sagt er zu den Schülern. »Die Jungs zimmern die Kabinen zusammen. Die Mädchen hängen das Programm auf.« Die ukrainischen Zuschauer kennen den Zusammenhang: Solche »sozialen« Aufgaben werden gern während eines Unterrichtsfachs gestellt, das eigentlich als überflüssig angesehen wird.

»Wieso sollen sie in den Schulhof?«, fragt Holoborodko. »Wir haben Unterricht.«

»Auftrag vom Direktor. Die Wahlen stehen bevor.«

»Wieso nicht die 10A?«

»Die haben Mathematik.«

»Na und? Wir haben Geschichte!«

Der Lehrer schaut verächtlich auf Holoborodko: »Du vergleichst einen Schwanz mit einem Finger.«

Wassyl Holoborodko wird immer wütender: »Ich habe die Nase gestrichen voll. Mathematik ist eine Wissenschaft. Und Geschichte ist ein ... Scheiß! Und dann wundern wir uns, warum unsere Politiker immer die gleichen Fehler begehen. Weil sie Mathematiker sind. Sie können nur ihr Geld addieren und multiplizieren!«

»Petrowytsch«, sagt der Handarbeitslehrer, »warum bist du denn so sauer?«

»Weil es mir bis hier steht«, schimpft Holoborodko. In der folgenden Tirade werden die Schimpfwörter herausgefiltert.

»Warum geht das Land vor die Hunde? Weil wir keine Wahl haben! Wir haben die Wahl zwischen *piep* und *piep*, und das seit fünfundzwanzig Jahren! Auch diesmal wird sich nichts ändern. Weißt du, warum? Weil du, mein Vater und ich wieder so ein *piep* wählen werden: ›Ja, er ist ein *piep*, aber immer noch besser als die anderen.‹«

»Wasja«, sagt sein Kollege, »lass uns was trinken gehen.«

Aber Holoborodko ist nicht zu bremsen: »Dann kommen diese *piep* an die Macht und reißen sich alles unter den Nagel. Sie haben andere Namen, aber sie sind doch alle gleich. Und es ist allen *piep*egal! Dir, mir, allen, *piep*egal! Es könnte uns nicht *piep*egaler sein! Wenn ich auch nur eine Woche an der Macht wäre, dann wäre Schluss mit all den *piep*, den *piep* und alldem. *piep*. Ein gewöhnlicher Geschichtslehrer sollte leben wie ein Präsident«, schimpft Holoborodko, »und der Präsident wie ein gewöhnlicher Geschichtslehrer!«

Dieser Wunsch soll bald in Erfüllung gehen, denn Holoborodkos Tirade wird von einem seiner Schüler heimlich gefilmt und ins Internet gestellt. Das Video verbreitet sich, der Geschichtslehrer wird gebeten, als unabhängiger Kandidat an der Präsidentschaftswahl teilzunehmen, und schließlich mit 67 Prozent der Stimmen gewählt.

Die Schlüsselszene der ersten Folge wurde von mehreren Drehbuchautoren im Studio Kwartal 95 konzipiert. »Aber wer auch immer die Szene geschrieben hat«, erinnert sich Drehbuchautor Dmytro Grygorenko, »fast alle hatten etwas Ähnliches im Sinn.«

So entsteht – wenigstens in der Serie – ein neuer Typus von Führer in der Ukraine. Holoborodko ist ein Präsident, der mit dem Fahrrad zur Arbeit fährt, die Korruption bekämpft und die Ukraine von Grund auf reformiert – und der ständig behindert wird: von drei obskuren, anonymen Oligarchen, aber auch von seiner eigenen Familie, die in Wassyls neuem Amt eine hervorragende Gelegenheit sieht, ihre eigene soziale und finanzielle Position zu verbessern. *Diener des Volkes* kritisiert nicht nur die amtierende Macht, sondern hält auch dem ukrainischen Zuschauer einen Spiegel vor.

Die Serie ist von Beginn an ein Quotenrenner. Im Durchschnitt sehen etwa sechs Millionen Ukrainer jede Folge (das Land hat 2015 eine Bevölkerung von fast 45 Millionen). 26 Prozent der Fernsehzuschauer zwischen 18 und 54 Jahren schalten die Serie ein. Sie gewinnt zwei wichtige internationale Preise, Medienriese Netflix erwirbt die Übertragungsrechte. Filmproduzent Fox Studios kauft das Format. Insgesamt werden drei Staffeln veröffentlicht, und zusätzlich wird ein Spielfilm gedreht.

2017 wird Serhij Schefir gebeten, den immensen Erfolg von *Diener des Volkes zu* erklären. Der Produzent von Studio Kwartal 95 denkt einen Moment nach und antwortet dann: »Es ist ein positives Märchen, das auf zukünftigen realen Ereignissen beruht. Ereignisse, auf die wir alle hoffen.«

Die Realität ist düsterer.

Präsident Poroschenko, der die Präsidentschaftswahl im Mai 2014 überzeugend gewonnen hat, verliert den Krieg im Osten.

Die Separatisten der selbst ernannten Volksrepubliken Donezk und Luhansk verfügen über einen endlosen Strom von Waffen, Munition und russischen »Freiwilligen« (in Wirklichkeit sind es oft Söldner). Wenn nötig, schickt Moskau sogar ganze Panzerbataillone mit als Separatisten getarnten Soldaten über die Grenze. Moskau bestreitet jede Beteiligung an den Kämpfen. Als vier russische Kommandosoldaten im Donbass in Kriegsgefangenschaft geraten, verkündet der Kreml, die Männer hätten sich »verirrt«.

Mitte Januar 2015 beginnen Separatisten, unterstützt von Einheiten der russischen Armee, eine Offensive gegen die Stadt Debalzewe, einen wichtigen Verkehrsknotenpunkt zwischen Donezk und Luhansk. Nach einem Monat Kampf müssen sich die fast komplett eingekreisten ukrainischen Truppen zurückziehen. Hunderte Menschen werden auf beiden Seiten getötet.

Debalzewe ist die letzte große Schlacht. Bereits im September 2014 wurde in der belarussischen Hauptstadt Minsk ein Waffenstillstand vereinbart, der die Kämpfe jedoch nicht beendet hat. Am 12. April 2015 unterzeichnen die Ukraine, die beiden Volksrepubliken und Russland die Minsk-II-Vereinbarungen. Noch drei Tage lang wird aufeinander geschossen, doch dann verstummen die Waffen – zumindest vorerst.

Minsk II sieht einen »besonderen« Autonomiestatus für die Regionen Luhansk und Donezk durch Änderung der ukrainischen Verfassung vor. Mittels Kommunalwahlen können die Regionen ihre eigenen Vertreter wählen. Im Gegenzug müssen alle bewaffneten Einheiten abgezogen werden.

Die Vereinbarung beendet die Kämpfe in großem Umfang, ist aber nicht Grundlage eines endgültigen Friedens. Der Krieg im Donbass wird zu einem *frozen conflict*, in dem zwar keine Schlachten stattfinden, aber fast täglich geschossen wird. Die

Folge sind Tote und Verletzte auf beiden Seiten – auch unter der Zivilbevölkerung.

Obwohl Poroschenko den Krieg nicht entscheiden kann, gelingt es ihm, die Ukraine zu stabilisieren. Er tut dies in schwierigen Zeiten. Durch die Annexion der Krim und den Krieg hat die Ukraine große Teile ihres Territoriums und Millionen Bürger verloren. Ausländische Investoren haben in Scharen das Land verlassen. Zwischen 2013 und 2015 hat sich das Bruttosozialprodukt von 181 Milliarden Dollar auf 91 Milliarden Dollar fast halbiert.

Nach seinem eindeutigen Sieg in der ersten Runde der Präsidentschaftswahl 2014 hofft Poroschenko auf eine absolute Mehrheit im Parlament, doch die »Volksfront« von Ministerpräsident Jazenjuk – eine Abspaltung von Julija Tymoschenkos Vaterlandspartei – erhält im Herbst 2015 sogar noch 50 000 Stimmen mehr als der Block Petro Poroschenko. Doch selbst zusammen verfügen die beiden Parteien nicht über eine Mehrheit in der Rada.

Als Poroschenko und Jazenjuk beginnen, sich um die Ministerposten im neuen Kabinett zu streiten, schaltet sich US-Vizepräsident Joe Biden ein: Wenn sich die Parteien nicht einigten, so droht Biden, würden die USA ihre finanzielle Unterstützung für die Ukraine einstellen. Das kann sich Kiew nicht leisten. Es wird eine breite Koalition aus fünf Parteien gebildet, die mit einer Zweidrittelmehrheit im Parlament rechnen kann, abermals mit Jazenjuk als Ministerpräsidenten.

Die neue Regierung strukturiert die enormen Auslandsschulden um und trifft mit dem Internationalen Währungsfonds Vereinbarungen über neue Kredite, um das Land über Wasser zu halten. Poroschenko gelingt es, die Ausgaben zu kürzen und gleichzeitig den Verteidigungsetat von einem auf fünf Prozent zu erhöhen.

Auf internationaler Ebene verfolgt seine Regierung einen eindeutig westlichen Kurs. Mit der Annexion der Krim und der Abspaltung von Donezk und Luhansk hat das Spnnungsfeld zwischen Ost- und Westukraine an Brisanz verloren. Kiew unterzeichnet das Assoziierungsabkommen mit der EU und strebt den Beitritt zur NATO an. Obwohl das Bündnis die Tür zur Mitgliedschaft geschlossen hält, entsendet der Westen Ausbilder für die ukrainische Armee. Poroschenko reformiert die Streitkräfte nach den Vorgaben der NATO: Binnen wenigen Jahre verwandeln sich die vernachlässigten ukrainischen Streitkräfte in eine schlagkräftige Armee. Im Jahr 2016 beginnt sich auch die Wirtschaft zu erholen.

Aber Poroschenko ist ein Milliardär, ein Oligarch und ein Vertreter der alten politischen Klasse mit einem eigenen Fernsehsender (Kanal 5). Der »Schokoladenkönig« hält sein Versprechen nicht ein, seine Süßwarenfirma Roshen zu verkaufen, sobald er Präsident ist. Es gelingt ihm auch nicht, die korrupten politischen und wirtschaftlichen Strukturen der Ukraine wirklich zu verändern. Poroschenko ernennt den ehemaligen georgischen Staatspräsidenten Micheil Saakaschwili, einen berühmten Korruptionsbekämpfer, zum Gouverneur der Region Odessa, die traditionell zu den am stärksten von der Mafia beherrschten Gebieten gehört. Doch neue Gesichter bedeuten noch keine echten Reformen, meint Oleh Rybatschuk von der ukrainischen Antikorruptionsorganisation Tschesno, als er nach fünf Jahren Poroschenko Bilanz zieht.

»Er hat die Hauptforderung der Revolution der Würde [wie die Majdan-Revolution« 2014 auch genannt wird] nicht erfüllt«, urteilt Rybatschuk. »Außerdem umgibt er sich mit korrupten Figuren, aber er verschließt die Augen vor ihnen.«

Im Februar 2016 zerbricht die »breite Koalition«, und Jazenjuk tritt als Ministerpräsident zurück. Sein Nachfolger wird der

Parteivorsitzende des Blocks Petro Poroschenko, Wolodymyr Hrojsman, der jedoch keine Mehrheit hat, sodass in der Rada temporäre Koalitionen gebildet werden müssen.

Poroschenkos Popularität sinkt rapide: In einer Umfrage vom November 2017 geben nur 16,1 Prozent der Wähler an, dass sie bereit wären, für den amtierenden Präsidenten zu stimmen. Die Ukraine blickt bereits auf die im Frühjahr 2019 stattfindende Präsidentschaftswahl. Im Oktober 2017 kündigt Julija Tymoschenko an, dass sie erneut für das Präsidentenamt kandidieren will. Zuvor hatten auch schon andere ihre Ambitionen bekannt gegeben.

Selenskyj macht sich darüber lustig. »Viele Vertreter unserer politischen Elite haben diese Woche mit großem Tamtam angekündigt, dass sie für das Präsidentenamt kandidieren«, sagt er in einem Facebook-Video, das am Kiewer Flughafen aufgenommen wird. »Ich, Wolodymyr Selenskyj, neununddreißig Jahre alt und bei klarem Verstand, möchte ebenfalls eine wichtige Mitteilung machen: Ich werde jetzt zum Flugzeug gehen. Aber vielleicht gehe ich erst auf die Toilette.«

Einen Monat später macht er in einem Interview mit der ukrainischen Zeitung *Den* keine Witze mehr. Selenskyj habe »Erfahrung« in der Politik, sagt der Journalist, und immer mehr Ukrainer sähen in dem Komiker und Schauspieler einen echten Präsidenten: »Wollen Sie es nicht in der wirklichen Politik versuchen?«

Selenskyj antwortet voller Ernst: »Das ist eine schwierige Frage, über die man nachdenken sollte.«

Das Studio Kwartal 95 arbeitet im Herbst 2017 an der siebten Staffel der Sitcom *Swaty*. Die Serie erfreut sich sowohl in der Ukraine als auch in Russland nach wie vor großer Beliebtheit. Doch nun hat der ukrainische Geheimdienst SBU dem russischen Hauptdarsteller Fjodor Dobronrawow plötzlich die Einreise in die Ukraine für drei Jahre verboten, weil der Schauspieler angeblich die annektierte Krim besucht und die Annexion »unterstützt« habe – was Dobronrawow vehement bestreitet. In den nächsten Tagen beginnen ukrainische Medien, über ein mögliches Verbot der Serie zu spekulieren.

Die Gerüchte kommen nicht aus heiterem Himmel. Obwohl die Protagonisten von *Swaty* – zwei ältere Ehepaare, die sich um ihre Enkelkinder streiten – Modell für eine ganze Generation von Russen und Ukrainern sind, nehmen manche Anstoß an der Hauptfigur Iwan Budko, dem alkoholkranken und jähzornigen Großvater vom Lande. Die nationalistischen Ukrainer wollen nicht an ihre gemeinsame Vergangenheit mit Russland erinnert werden.

»Dies ist eine Serie aus der Zeit vor dem Krieg, die nicht zur heutigen Ukraine passt«, schreibt die bekannte Journalistin Marina Daniljuk-Jarmolaewa auf ihrer Facebook-Seite. »Iwan Budko repräsentiert eine vergangene sowjetische Realität, die in keiner Weise repräsentativ für die heutige Ukraine ist.«

Selenskyj ist aufgebracht über das mögliche Verbot der Serie. In einem auf Facebook geposteten Video sagt er: »Dies ist für die Leute, die unser Land spalten, die uns nach Hautfarbe, Sprache und so weiter aufteilen wollen. Ich werde Ihnen nicht wirklich sagen, was ich von Ihnen halte, denn ich bin ein zivilisierter Mensch.«

In dem Interview mit *Den* kommt Selenskyj auf das Thema zurück. Der Komiker sagt, dass er seine Arbeit sehr liebe und dass er sie gegen nichts eintauschen würde. Doch nun sei er gezwungen, über eine andere Karriere nachzudenken: »Ich habe den deutlichen Eindruck, dass der Gesetzgeber mir meinen Beruf wegnehmen will.«

Selenskyj spricht über seinen Kwartal-Kollegen Stepan Kasanin, der die russische Staatsbürgerschaft besitzt und keinen ukrainischen Pass bekommen kann. Dies könnte zu einem großen Problem werden, da nun in der Rada ein Gesetz diskutiert wird, das die Zusammenarbeit mit dem »russischen Aggressor« verbietet. »Wir sollen also jemanden aus unserer Mitte ausschließen, mit dem wir fünfzehn Jahre lang zusammengearbeitet haben?«, fragt sich Selenskyj laut. »Einige von uns sprechen besser Ukrainisch als manche Politiker. Und wer hat am meisten zur Entwicklung der ukrainischen Kultur und nationalen Identität beigetragen?«

Er warnt: »Wenn diese Leute versuchen, uns daran zu hindern, das zu tun, was wir am meisten lieben, nämlich Film und Fernsehen zu machen und aufzutreten, werde ich ihnen die Unterstützung bei der Wahl entziehen.«

Selenskyj wagt noch nicht zu sagen, dass er in die Politik geht, aber die Andeutung ist deutlich.

»Was für einen Präsidenten braucht die Ukraine?«, will der Journalist von *Den* wissen.

»Die Ukrainer wollen ehrliche Leute an der Macht haben«, antwortet Selenskyj. »Vernünftig und ehrlich. Das ist das Wichtigste.«

Am 29. November tritt das ein, was man befürchtet hat: *Swaty* wird vom ukrainischen Kulturministerium verboten. Das ist nicht nur ein großer kommerzieller Rückschlag für das Studio Kwartal 95, sondern bedeutet auch, dass die Regierung die Loyalität von Selenskyj infrage stellt. Die Ukraine scheint manchmal wie besessen von ihrer nationalen Identität zu sein. Wer Witze über die Nation macht, ist in den Augen mancher schnell ein »Verräter«.

Aber viele Ukrainer fühlen sich mit solchen Scharfmachern nicht wohl. Soldaten an der Front nehmen sogar ein Video auf, um Selenskyj moralisch zu unterstützen. »Wolodja«, sagt einer von ihnen, »jeder vom Studio Kwartal 95 ist ein Freund unserer Einheit. Ihre Arbeit bringt Freude und hebt unsere Moral. Keine Sorge, wir unterstützen Sie!« Der Soldat schlägt sich mit der Faust auf die Brust.

Am 2. Dezember meldet Selenskyj eine politische Partei an, die nach der Serie benannt ist: Sluha narodu, Diener des Volkes. »Nur um sicherzugehen«, sagt er einen Monat später, »und um zu verhindern, dass jemand anderes den Namen verwendet. Dies ist noch kein echtes politisches Projekt, sondern eher eine rechtliche Angelegenheit.«

Der Wechsel zur Politik ist naheliegender, als es scheint. Nach zwanzig Jahren hat Selenskyj die Spitze der ukrainischen Unterhaltungsindustrie erreicht. Aufgrund des Krieges und des Verlustes des russischen Marktes ist eine weitere Expansion kaum möglich. Im Alter von neununddreißig Jahren ist Selenskyj bereit für eine neue Herausforderung. Außerdem möchte er wirklich etwas in der Ukraine verändern. Nachdem er zwanzig Jahre lang durch das Land getourt ist, kennt er die einfachen Ukrainer wie kein anderer. Die Erfolgsserie *Diener des Volkes* ist nicht nur eine Komödie, sondern Selenskyjs Vision einer neuen Politik.

Nach Angaben des Kwartal-Direktors Serhij Schefir hat Selenskyj beschlossen, im Frühjahr 2018 für das Amt des Präsidenten zu kandidieren. Die Entscheidung wird in enger Absprache mit seinen Kollegen im Büro von Studio Kwartal 95 getroffen: »Wir haben endlos darüber diskutiert«, erinnert sich Jewhen Koschowyj. »Selenskyj sagte: Verstehst du, dass alles auseinanderfallen kann? Ich antwortete: Wenn du kandidierst, werden wir dafür sorgen, dass Kwartal 95 nicht zusammenbricht.« Nach Angaben von Koschowyj war Selenskyjs Frau

Olena vehement gegen seine Kandidatur, konnte sie ihrem Mann aber nicht ausreden.

Selenskyj weiß aus Gesprächen mit dem Anwalt und Politiker Andrij Bohdan, dass er eine reelle Chance hat. Bohdan zeigt Selenskyj die Ergebnisse von Wählerumfragen. »Die Zahlen zeigten deutlich, dass es das Bedürfnis nach einer neuen Stimme gab«, erinnert sich Bohdan. »Jemand von außerhalb des Systems, aber jemand Seriöses.« Bohdans Botschaft ist klar: Die Wähler wollen jemanden wie Selenskyj.

Bohdan selbst ist eher ein Vertreter des alten Systems. Der Anwalt ist seit Jahren der wichtigste Berater des Oligarchen Ihor Kolomojskyj, eines der reichsten und umstrittensten Männer der Ukraine. Kolomojskyj ist Gründer und Hauptaktionär der PrivatBank, der mit Abstand größten Bank des Landes. Im Jahr 2016 ist die Bilanz der Bank so schlecht, dass der ukrainische Staat mit Milliarden Dollar einspringen muss. Daraufhin wird die PrivatBank verstaatlicht.

Im Jahr 2013 hat Kolomojskyj den Fernsehsender 1+1 übernommen, bei dem Studio Kwartal 95 unter Vertrag steht. Mindestens einmal versucht er, sich in Selenskyjs Programm einzumischen, aber das interessiert Selenskyj nicht weiter. In seinen Shows spielt er den Oligarchen als grobschlächtigen Wichtigtuer, der uneingeladen in Poroschenkos Präsidialbüro stürmt.

Wie alles, was er tut, geht Selenskyj auch seine Kandidatur gründlich an. Seit Monaten arbeitet er zusammen mit dem Kwartal-Anwalt und Jugendfreund Iwan Bakanow, der zum Wahlkampfleiter ernannt wurde, an einem Schlachtplan. Im Sommer 2018 organisiert Bakanow Treffen mit lokalen Verwaltungsbeamten und Geschäftsleuten, aber Selenskyjs Pläne machen wenig Eindruck auf sie: »Die meisten lachten uns aus.« Selenskyj lässt sich davon nicht abschrecken, sondern stürzt sich voll in sein neues Projekt. Ihm zufolge hat er über zwei Millionen Dollar für seinen Wahlkampf zur Verfügung. Das Geld stammt aus eigenen Mitteln und aus Spenden von Freunden und Geschäftspartnern. Im Herbst 2018 ist bereits ein umfangreicher Wahlkampfstab im Einsatz.

Selenskyj wartet so lange wie möglich mit der Bekanntgabe seiner Kandidatur – er will die Spannung aufrechterhalten. Aber in Wirklichkeit hat seine Kampagne bereits begonnen. »Seit ein paar Wochen lebe ich in einem Albtraum«, scherzt er am 29. Oktober während einer Aufführung von *Wetschernyj Kwartal*. »Alle, Journalisten, Verwandte, stellen immer nur eine Frage: Werden Sie kandidieren oder nicht?«

Selenskyj beginnt, die Vor- und Nachteile seiner Kandidatur mit dem Publikum im Saal zu besprechen. »Ich habe eine juristische Ausbildung, das ist ein Plus. Aber ich habe keine politische Erfahrung, das ist … ein dickes Plus.«

Dann wird er plötzlich sehr ernst: »Wenn ich Präsident werde, werde ich natürlich verantwortungsvolle Leute ernennen. Der Verteidigungsminister wird nicht derjenige sein, der Menschen an die Front schickt, sondern derjenige, der sie sicher zurückbringt.« Es herrscht Stille im Raum, und einige klatschen anerkennend. Nach vier Jahren Krieg sehnen sich die Ukrainer nach Frieden.

Am Silvesterabend kündigt Selenskyj seine Kandidatur in einem kurzen Video an, das 1+1 sendet. Die traditionelle Neujahrsansprache von Präsident Poroschenko muss dafür weichen – der Sender strahlt seine Rede erst nach Mitternacht aus. Auf Kritik entgegnet Selenskyj, dass dies nicht seine Idee gewesen sei und dass es sich um eine »technische Panne« gehandelt habe.

Selenskyj und sein Team wollen mit einer völlig neuen Art von Wahlkampf für Aufsehen sorgen. Der Komiker stellt sich

Wolodymyr Selenskyj bei einem Auftritt von Studio Kwartal 95, Mai 2018

Der Präsidentschaftskandidat bei der Wahl des ukrainischen Präsidenten, März 2019

Am selben Tag bei einem Showmatch in seiner Wahlzentrale in Kiew

Der gewählte Präsident bei der Amtseinführung, Mai 2019

Mit Angela Merkel, Emmanuel Macron und Wladimir Putin bei einer Pressekonferenz im Élysée-Palast, Dezember 2019

Mit Donald Tusk, Präsident des Europäischen Rates, und Jean-Claude Juncker, Präsident der Europäischen Kommission, in Kiew, Juli 2019

Der Präsident und die First Lady der Ukraine nehmen an den Festlichkeiten anlässlich des Tages des Diplomatischen Dienstes der Ukraine teil, Dezember 2021

Selenskyj spricht zum ukrainischen Volk, 24. Februar 2022

Selenskyj macht sich ein Bild von der Lage in Butscha, einem Vorort von Kiew, in dem die Leichen von zahlreichen Zivilisten gefunden wurden, 4. April 2022

Die Rede Selenskyjs vor dem Sicherheitsrat der Vereinten Nationen, 5. April 2022

Die ukrainische Nationalhymne, 30. April 2022

als Außenseiter dar, der den Augiasstall der ukrainischen Politik ausmistet, als wäre er Wassyl Holoborodko. Um die potenziellen Wähler zu erreichen, nutzen sie intensiv die sozialen Medien.

Am 2. Januar ruft Selenskyj in einem kurzen Instagram-Video »die ukrainischen Bürger« dazu auf, sich seiner Kampagne anzuschließen. Für neue Mitstreiter zählt laut Selenskyj nur ein Kriterium: Sie dürfen keine Politiker sein. Knapp eine Woche später gibt der Präsidentschaftskandidat bekannt, dass er noch kein Wahlprogramm habe. »Die alten Politiker folgen dem alten Prinzip«, sagt Selenskyj. »Sie bitten nie um etwas, sie versprechen alles, und dann halten sie es nicht ein. Ich werde es anders machen: Wir werden das Programm gemeinsam mit Ihnen schreiben.« Selenskyj ruft die Wählerinnen und Wähler auf, in den sozialen Medien ihre Ideen zu den fünf größten Problemen des Landes einzubringen. »Wir schreiben das Programm gemeinsam mit unseren Landsleuten. Auf diese Weise werden wir Lösungen für alle Probleme finden.«

Einige Tage später stellt Selenskyj ein Online-Wahlprogramm vor: »Die Ukraine, von der ich träume«. Das Programm ist voll von positiven Slogans, enthält aber kaum politische Maßnahmen. Mit einem Klick auf die verschiedenen Themen können die Leserinnen und Leser auf Facebook ihre Kommentare abgeben und so am Programm »mitschreiben«. Auf der Homepage ist ein großes Foto von Selenskyj als »Präsident« Wassyl Holoborodko zu sehen. »Ich möchte Ihnen versichern, dass ich mich für eine Amtszeit zur Verfügung stelle, um das System zu verändern«, schreibt er in der Einleitung.

Der Mangel an konkreten Plänen wird kritisiert. Nach einem Treffen des Präsidentschaftskandidaten mit der Kiewer Geschäftswelt ist Arsenij Finberg, Inhaber eines Reisebüros, ein wenig fassungslos, wie er der unabhängigen russischen

Online-Zeitung *Meduza* erzählt. »Sie fragten ihn: Wen werden Sie zum Leiter der Polizei und der Sicherheitsdienste ernennen, wenn Sie die Macht haben? Darauf antwortete er: Ich werde einen nationalen Talentwettbewerb veranstalten, zuerst werden wir unsere Juroren auswählen und dann die Minister.« Finbergs Eindruck von dem Treffen mit Selenskyj ist, dass »dieser Mann keine Ahnung hat, wer wofür zuständig ist, welche Befugnisse der Präsident hat und worum es im Parlament geht«.

Bereits einige Wochen nach der Ankündigung liegt Selenskyj bei den Umfragen in Führung – wenngleich der Vorsprung gering ist. Ende Januar 2019 geben 19 Prozent der Wähler an, für ihn stimmen zu wollen. Julija Tymoschenko von der Vaterlandspartei liegt bei 18,2 Prozent, Poroschenko bei 15,1 Prozent. Der amtierende Präsident führt einen klassischen Wahlkampf: Er gibt Interviews und debattiert mit seinen politischen Gegnern. Er betont seine Rolle als Retter der Nation angesichts der russischen Aggression. Mit seinem Slogan »Armija, Mowa, Wira« (Armee, Sprache, Glaube) sucht Poroschenko den Anschluss an nationalistische und konservative Kräfte. Dies hinterlässt eine große Lücke in der Mitte des politischen Spektrums – eine Lücke, die Selenskyj füllt.

Poroschenko ist ein idealer Gegner für Selenskyj. In einem Video auf Instagram wendet er sich direkt an den amtierenden Präsidenten: »Ich verstehe jetzt, was Ihr Slogan ›Armee, Sprache, Glaube‹ bedeutet: die Armee zu entleeren und die Menschen aufgrund ihrer Sprache zu spalten, genau deshalb schenken Ihnen die Menschen keinen Glauben mehr.«

Am 7. Februar erstattet Selenskyj Anzeige bei der Polizei. Während eines Auftritts in Odessa wurde er von mehreren Autos verfolgt. In Kiew soll er abgehört worden sein. Innenminister Arsen Awakow teilt mit, dass einer der im Zusammenhang mit dem Fall verhafteten Fahrer einen Ausweis des Geheimdienstes

SBU vorgelegt habe. Im März bestätigt die SBU, dass in der Nähe des Büros von Studio Kwartal 95 Abhörgeräte installiert worden seien. Dem Dienst zufolge handelt es sich um eine Untersuchung, die sich nicht auf den Präsidentschaftskandidaten bezieht, macht aber unter dem Vorwand des Staatsgeheimnisses keine weiteren Angaben.

Während der Wahlkampf in der Ukraine an Fahrt aufnimmt, hält sich Selenskyj bemerkenswert zurück. Er nimmt nicht an Fernsehdebatten teil. Er gibt nur selten Interviews. Mit kritischen Fragen von Journalisten konfrontiert, verliert Selenskyj allerdings schnell die Fassung. Am 18. Januar trifft ihn ein Reporter von Radio Freies Europa auf der Straße. Der Sender hat aufgedeckt: Selenskyj besitzt eine Offshore-Firma in Zypern, die Geschäfte in Russland macht – das ist nicht illegal, aber in der Ukraine ein No-Go. Selenskyj beantwortet die Fragen nicht, blafft den Reporter an und steigt in seinen Land Rover. Noch am selben Tag entschuldigt er sich. Die Firma in Zypern, so schreibt er in einer Pressemitteilung, sei nur für die Übertragungsrechte gedacht, die russische Firmen zahlen müssen, das Geld fließe zurück in die Ukraine.

Am 21. Januar gibt Selenskyj der Qualitätszeitung *Ukrajinska Pravda* ein Interview. Selenskyj versucht, den Reporter durch Witze auf seine Seite zu ziehen. Als der junge Journalist darauf nicht eingeht, kann der Präsidentschaftskandidat seine Verärgerung nur schwer verbergen.

Selenskyj zieht es vor, seine Kampagne von der Bühne aus zu führen. Selbst auf dem Höhepunkt des Wahlkampfs wird keine Vorstellung abgesagt, und Kwartal 95 tourt durch das ganze Land, tritt sogar kostenlos für weniger wohlhabende Ukrainer auf. Selenskyjs Truppe reist in einem mörderischen Tempo mit zwei Vorstellungen pro Tag durch das Land, mit Olena Krawez als herrischer Julija Tymoschenko und Jurij Krapow als mürrischem Petro Poroschenko, der darüber sinniert, wie er im Amt des Präsidenten bleiben kann. Die Antikorruptionsorganisation Tschesno stellt später fest, dass die Auftritte von *Wetschernyj Kwartal* ab der zweiten Jahreshälfte 2018 politische Werbung enthielten.

In seinem letzten Auftritt vor der Wahl kommt Selenskyj selbst darauf zurück – mit einem Augenzwinkern und einer ernsten Botschaft. »Zu Beginn des Abends habe ich gesagt, dass wir keine Propaganda machen werden«, erklärt Selenskyj am Ende der Show. Grinsend fährt er fort: »Nicht wahr? Es hätte auch überhaupt keinen Sinn, denn Sie können selbst denken. Sie wissen, was Sie am 31. [dem Wahltag] zu tun haben.«

Kwartal 95 singt ein Lied über die Ukraine, eine Coverversion eines bekannten Popsongs – mittlerweile eine Tradition am Ende jeder Show. Im Finale betritt ein Chor von kleinen Mädchen in weißen Kleidern die Bühne:

> Wenn du nicht mehr da sein wirst,
> Was für eine Welt hinterlässt du,
> Eine der Freiheit,
> Oder von Rauch und Feuer?
> Für künftige Generationen
> Gilt ein universelles Gesetz:
> Lebt nicht im Gestern.
>
> Wo werden wir sein?
> Wir singen unser eigenes Lied.
> Werden wir unsere Kinder aufwachsen sehen
> Und die Kinder unserer Kinder?
> Stellt euch das Land so vor, wie ihr es gerne sehen würdet,
> Um darin zu leben und um stolz darauf zu sein!

Das Lied ist kitschig, aber auch bewegend – Selenskyj und seine Kollegen scheinen selbst daran zu glauben. Im Publikum fließen Tränen.

Am 30. März, dem Tag vor der Wahl, ist keine Wahlwerbung erlaubt. Der Fernsehsender 1+1 überträgt den ganzen Tag über Sendungen von Kwartal 95. Es gibt auch einen Film über Ronald Reagan, den B-Movie-Schauspieler, der als 40. Präsident der Vereinigten Staaten das Ende des Kalten Krieges einleitete. Der amerikanische Dokumentarfilm wurde ins Ukrainische synchronisiert: Selenskyj hat Reagan seine Stimme geliehen.

Einen Tag später gewinnt Selenskyj mit 30,24 Prozent überzeugend vor Poroschenko (15,95 Prozent). Da niemand mehr als 50 Prozent der Stimmen erhalten hat, ist ein zweiter Wahlgang am 21. April erforderlich. Ein Komiker und ein Milliardär mit mehr als zwanzig Jahren politische Erfahrung werden um die Präsidentschaft kämpfen.

Die bestehende Ordnung ist in ihren Grundfesten erschüttert. Bereits in der Wahlnacht verkünden Julija Tymoschenkos Mitarbeiter, dass die ersten Auszählungsergebnisse »unwahr« seien und dass es Wahlbetrug und »Provokationen« gegeben habe. Poroschenko, der hinter Selenskyj zurückliegt, gibt nicht auf. »Morgen ist der 1. April«, sagt er zum Wahlergebnis. »Ab dem 2. April ist die Zeit der Witze vorbei.«

Um das Blatt zu wenden, setzt Poroschenko alle Hebel in Bewegung. Sein Kanal 5 und der Fernsehsender Prjamyj Kanal (der einem seiner Anhänger gehört) verbreiten ständig negative Nachrichten über Selenskyj: Der Komiker sei drogenabhängig, habe keinerlei Erfahrung und werde das Land den Russen ausliefern. Da Selenskyj eine Marionette von Kolomojskyj sei, so der Sender, wolle er die verstaatlichte PrivatBank sofort an den Oligarchen zurückgeben, was die ukrainischen Staatsfinanzen an den Rand des Abgrunds bringen würde.

Auf riesigen Plakatwänden entlang der Straßen sind die Köpfe von Poroschenko und Putin zu sehen, die einander gegenüberstehen. Eine Stimme für Selenskyj sei eine Stimme für Russland, so lautet die Botschaft.

Seit Wochen fordert Poroschenko Selenskyj zu einem Wahlkampfduell im Fernsehen auf, aber der hat abgelehnt – im Studio könnte er wie ein gewöhnlicher Politiker wirken. Als der Druck zu groß wird – versteckt sich Selenskyj? –, tritt der Komiker die Flucht nach vorn an. Der größte Künstler der Ukraine gibt bekannt, dass er zu einer Debatte mit Poroschenko am 19. April im Kiewer Olympiastadion mit 70 000 Plätzen bereit sei. Um der Konfrontation einen sportlichen Charakter zu verleihen, schlägt Selenskyj vor, dass sich beide Kandidaten zunächst einem Dopingtest unterziehen – eine direkte Anspielung auf Poroschenkos Vorwürfe über Selenskyjs angeblichen Drogenkonsum. Und so bekommen die ukrainischen Fernsehzuschauer in den Nachrichten zu sehen, wie beide Kandidaten sich Blut abnehmen lassen: Poroschenko im Olympiastadion, Selenskyj in einer Privatklinik. Beide Kandidaten werden negativ getestet.

Poroschenko glaubt, einen Vorteil zu haben, weil in der von den Medien als »Debatte des Jahrhunderts« bezeichneten Veranstaltung Ukrainisch gesprochen werden soll. Im Selenskyj-Lager ist man darüber sehr besorgt. Der politische Berater Andrij Bohdan (selbst aus der Westukraine stammend) hat bereits im Dezember festgelegt, dass niemand mit dem Präsidentschaftskandidaten Russisch sprechen darf. »Ich habe mich mit all seinen Freunden angelegt«, erinnert sich Bohdan. »Alle hassten mich. Aber ich habe sie dazu gebracht, mit ihm Ukrainisch zu sprechen.«

Am großen Tag sitzen zig Millionen Menschen vor dem Fernseher – und das nicht nur in der Ukraine. Auch in den umliegenden Ländern wird das Duell mit großem Interesse verfolgt. In Russland, wo der Urnengang seit zwanzig Jahren nur noch eine Formalität ist, erlebt es sogar einen kleinen Hype: eine echte Debatte, bei ehrlichen, demokratischen Wahlen!

Die Zuschauer werden nicht enttäuscht, auch wenn ihre Zahl im Olympiastadion etwas enttäuschend ist. Poroschenko legt einen präsidialen Auftritt hin, mit viel Daumen hoch und Winken. Auf der Bühne ist er von ukrainischen Veteranen in Tarnuniformen umgeben, von denen einige an Krücken gehen. Die Soldaten halten demonstrativ das ukrainische Blau-Gelb hoch und werfen bedrohliche Blicke in Richtung Selenskyj. Wenn sein Kontrahent spricht, steht Poroschenko in einem Abstand von gerade einmal eineinhalb Metern zu ihm. Neben dem großen, kräftig gebauten Oligarchen wird noch deutlicher, wie klein Selenskyj ist.

Aber Poroschenko gelingt es nicht, die Debatte zu dominieren. Der Amtsinhaber spricht mit Pathos, aber zu laut und zu hastig, noch dazu klingt seine Stimme schrill. Selenskyj hingegen weiß besser als jeder andere, wie man eine Pause setzt. Sein Ukrainisch ist tadellos, stellt Bohdan mit Genugtuung fest. »Poroschenko dachte, er könne Selenskyj bei den ›ähs‹ und ›hmms‹ packen oder wenn er ins Russische zurückfällt. Aber Selenskyj wusste sich nicht nur zu verteidigen, er griff an, und zwar auf Ukrainisch.«

Selenskyj hält ein paar A4-Blätter hoch. Fragen an Poroschenko, die ihm ukrainische Bürger online gestellt hätten, sagt er. Ein Spickzettel, behaupten andere.

»Wie kann es sein, dass die Ukraine eines der ärmsten Länder Europas ist, während der reichste Präsident aller Zeiten an der Spitze steht?«, fragt Selenskyj. »Wie schlafen Sie nachts?«

Poroschenko reagiert gereizt: »Wenn Sie wüssten, in welchem Zustand ich das Land 2014 übernommen habe, ohne einen Cent in der Staatskasse, ohne Goldreserven, ohne Armee, würden Sie diese Frage nicht stellen. Zu einer Zeit, als Sie leider unseren Staat mit Ihren Witzen beleidigt haben.«

Poroschenko beginnt, über die Risiken von Selenskyjs Mangel an Erfahrung zu sprechen: »Sie sagen, Sie wollen die Präsidentschaft erlernen.« Er wendet sich an das Publikum: »Wollten Sie in einem Flugzeug sitzen, wenn der Pilot noch in der Ausbildung ist? Würden Sie sich auf eine Operation einlassen, wenn der Chirurg noch üben muss?«

Beide Kandidaten werfen sich gegenseitig vor, in Russland Geschäfte zu machen: Selenskyj mit seinen Filmen und Serien, Poroschenko mit den Roshen-Süßwaren, die in jedem russischen Supermarkt zu finden sind. Dann spielt Poroschenko einen weiteren Trumpf aus: Selenskyjs Geschäftsbeziehungen zum verhassten Ihor Kolomojskyj.

Selenskyj bleibt unbeeindruckt: »Lassen Sie uns über *Ihr* Geschäft sprechen. Sie haben doch die Karl-Marx-Fabrik in den 1990er-Jahren privatisiert und sie zu Roshen gemacht.«

Andrij Bohdan hatte recht: Derjenige, der sich am besten vorbereitet, gewinnt die Debatte. Sieben Tage lang hat Selenskyj nichts anderes getan, als für diesen Kampf mit Poroschenko zu trainieren.

Poroschenko beginnt, über den Krieg zu sprechen, und bezieht sich dabei auf die Fernsehansprache Selenskyjs vom 1. März 2014, in der der Komiker zu Putin sagte, dass er ihn notfalls »auf seinen Knien« anflehen würde: »Den Staat verteidigt man nicht, indem man vor Putin kriecht.«

Selenskyj hat auch dies vorausgesehen. »Diese Worte sind aus dem Zusammenhang gerissen worden. Ich bin bereit, für jede Mutter, deren Sohn nicht von der Front zurückgekehrt ist, auf die Knie zu gehen. Für jedes Kind, das seinen Vater nie wieder sehen wird. Für jede Frau, die ihren Mann verloren hat.« An Poroschenko gewandt: »Ich lade Sie ein.«

Selenskyj kniet sich hin. Poroschenko hat keine andere Wahl, als es ihm gleichzutun.

Meinungsumfragen zufolge sind 50 Prozent der Ukrainer überzeugt, dass Selenskyj die Debatte gewonnen hat, 14 Prozent meinen, dass Poroschenko besser war. 30 Prozent der Befragten haben nach der Debatte eine eher negative Meinung von Poroschenko.

Nur Wahlbetrug kann Selenskyj jetzt noch den Sieg kosten. Oleksij Hontscharuk, ein junger Jurist, der zu einem wichtigen Mitglied in Selenskyjs Stab geworden ist, ist darüber besorgt. Im Mittelpunkt der Kampagne stand Selenskyjs inhaltliche Botschaft. Doch in der harten Realität der ukrainischen Politik ist mehr nötig: Beobachter, die eine faire Wahl überwachen, Anwälte, die gegebenenfalls gegen Wahlbetrug vorgehen. Würde das Ergebnis knapp ausfallen zwischen den beiden Kandidaten, so weiß Hontscharuk, könnte Poroschenko das Ergebnis anfechten.

Hontscharuk und Selenskyj haben solche Szenarien bereits im Herbst 2018 diskutiert. »Wie wollen Sie das Ergebnis später sichern?«, fragt damals der promovierte Rechtswissenschaftler.

»Wir müssen so hoch gewinnen, dass das nicht nötig ist«, antwortet Selenskyj.

Hontscharuk muss lachen. »Für wen halten Sie sich, für die brasilianische Nationalmannschaft?«

»Ja«, sagte Selenskyj.

Kapitel 6

DAS TURBOREGIME

An einem schönen Morgen im Mai 2019 wird Wolodymyr Selenskyj als sechster Präsident der Ukraine in sein Amt eingeführt.

Selenskyj geht von seiner Wohnung in der Nähe des Regierungszentrums in Kiew aus zu Fuß. Vor dem ukrainischen Parlamentsgebäude auf dem umzäunten Platz der Verfassung, der mit der blau-gelben ukrainischen Flagge bedeckt ist, erwartet eine begeisterte Menschenmenge den Präsidenten. Selenskyj strahlt, macht das V-Zeichen und verteilt High Fives an die Menge. Die Kwartal-Kollegen Mika Fatalow und Jurij Tkatsch, die hinter den Zäunen warten, bekommen einen Kuss auf die Wange, der groß gewachsene Jewhen Koschowyj kriegt einen Klaps auf den kahlen Schädel – Selenskyj muss dafür in die Höhe springen.

Drinnen, im Plenarsaal der Werchowna Rada, ist die Stimmung weniger festlich. Die Minister und Ministerpräsident Wolodymyr Hrojsman, mit dem Fraktionsvorsitzenden Arsenij Jazenjuk an seiner Seite, blicken sauer drein. Petro Poroschenko, der soeben zurückgetreten ist, wird von den Mitgliedern seiner Fraktion lautstark beklatscht – was eher unangemessen wirkt.

Am 21. April gewann Selenskyj die zweite Runde der Präsidentschaftswahl mit einer überwältigenden Mehrheit von

73,2 Prozent der Stimmen. Mehr als 13,5 Millionen Ukrainer stimmten für den früheren Komiker und Schauspieler. Selenskyj will sofort weitermachen. Bereits im Wahlkampf hat er angekündigt, dass er so schnell wie möglich neue Parlamentswahlen ansetzen wird. Seine Partei Diener des Volkes schneidet in den Umfragen so gut ab, dass Selenskyj auf eine absolute Mehrheit in der Rada zusteuert.

Die etablierten Parteien haben mit aller Macht versucht, dies zu verhindern. Am 27. November 2019 läuft das Mandat der Rada aus, und die Wähler müssen ohnehin zu den Urnen gehen, aber bis dahin, so hoffen Poroschenko und Jazenjuk, sind die Flitterwochen von Selenskyj vorbei.

In den letzten sechs Monaten vor der Wahl kann die Rada nicht vom Präsidenten aufgelöst werden. Die etablierten Parteien versuchen daher, die Amtseinführung von Selenskyj auf die Zeit nach dem 27. Mai zu verschieben. Erst am 16. Mai – mehr als drei Wochen nach der Wahl – legt die Rada einen Termin fest: Montag, den 20. Mai. Ein Werktag, an dem nur wenige von Selenskyjs Anhängern kommen können.

Das ist nicht der einzige Trick. Am 17. Mai kündigt Jazenjuks Volksfront plötzlich ihren Austritt aus der Regierungskoalition an. Laut Jazenjuk hat die Rada nun dreißig Tage Zeit, eine neue Koalition zu bilden, und das Parlament kann jetzt nicht aufgelöst werden. Selenskyj entgegnet, dass die Volksfront und der Block Petro Poroschenko (jetzt umbenannt in »Europäische Solidarität«) seit 2016 keine Mehrheit mehr im Parlament hätten und es daher laut Verfassung seit Jahren auch keine Koalition mehr gebe.

Am Vorabend der Amtseinführung stellt Selenskyj ein Video online. »Die Rada hat uns Schwierigkeiten bereitet«, sagt er mit einem falschen Lächeln im Gesicht. »Jetzt werden wir sie in Schwierigkeiten bringen.«

In der Ukraine gingen bei der Amtseinführung des Präsidenten schon manchmal einige Dinge schief. Als Janukowytsch 2010 versuchte, die Rada zu betreten, fielen ihm die Türen versehentlich vor der Nase zu. Bei der Amtseinführung Poroschenkos im Jahr 2014 ließ eine der Ehrenwachen das Gewehr auf den roten Teppich fallen.

Aber Selenskyj hat alles vorher geprobt. Energisch erklimmt er die breiten Stufen des Parlaments und schreitet durch den Plenarsaal zum Podium. Nach der Vereidigung werden ihm die Symbole seiner Macht überreicht: das Präsidentensiegel, die Amtskette und die vergoldete Bulawa, eine Nachbildung des historischen Streitkolbens, der seit dem Kosakenführer Bohdan Chmelnyzkyj (circa 1595 bis 1657) das Symbol der ukrainischen Führung ist. Als der Chor auf der Tribüne anschließend ein melodiöses Lied anstimmt, werden Selenkyjs Augen feucht, und er muss schlucken. First Lady Olena Selenska schaut nervös zu.

Selenskyjs Antrittsrede ist eine Kampfansage an die Rada und die herrschende politische Klasse. In seiner Rede beruft sich das neue Staatsoberhaupt auf Ronald Reagan: »Erlauben Sie mir, einen amerikanischen Schauspieler zu zitieren, der ein großer Präsident wurde: Die Regierung löst nicht unsere Probleme, die Regierung ist unser Problem.«

Er fährt fort: »Ich verstehe unser Kabinett nicht, das mit den Schultern zuckt und sagt: Da kann man nichts machen. Das ist nicht wahr. Sie können etwas tun. Nehmen Sie Stift und Papier, und machen Sie Ihren Platz frei für Menschen, die nicht an die nächsten Wahlen denken, sondern an die nächsten Generationen. Schreiben Sie Ihr Rücktrittsgesuch. Die Menschen werden es zu schätzen wissen.«

Draußen auf der Straße, wo die Öffentlichkeit die Zeremonie auf großen Bildschirmen verfolgen kann, wird gejubelt. Im Zuschauerraum wird nur gelegentlich geklatscht.

»Welch lauwarmer Beifall«, sagt Selenskyj. »Vielleicht gefällt nicht jedem, was ich sage? Das ist schade, denn nicht ich spreche zu Ihnen, sondern das ukrainische Volk.«

Ministerpräsident Hrojsman setzt ein sardonisches Lächeln auf: Puh, scheint er zu sagen, und: Kommen Sie nur, wenn Sie sich trauen. Doch Selenskyj fährt fort: »Ich löse hiermit die Werchowna Rada auf. Es lebe die Ukraine!«

Die Parlamentswahl findet am 21. Juli statt. Doch obwohl Selenskyj seine Partei Diener des Volkes bereits Ende 2017 registrieren ließ, wurde noch nicht mit dem Aufbau einer Parteistruktur begonnen. Der erste »Parteitag« im Januar 2019 war eine informelle Zusammenkunft bei Burgern und Pizza.

Nach der Wahl Selenskyjs zum Präsidenten wurden kaum politische oder administrative Talente rekrutiert. Dennoch legt Diener des Volkes bereits am 13. Juni eine Liste von Kandidaten vor, die sich hauptsächlich aus externen Experten, sozialen Aktivisten, kleinen und mittleren Unternehmern und Bekannten von Kwartal 95 zusammensetzt. Selenskyj hofft, dass sich seine Partei zu einer führenden Reformbewegung in der Ukraine entwickeln wird. »Ich suchte nach jungen und integeren Menschen«, wird er später sagen.

Die Parlamentswahl hat Selenskyjs kühnste Erwartungen übertroffen. Diener des Volkes erhält 254 der 424 Sitze (26 Sitze in der Rada konnten wegen der russischen Besetzung der Krim und der Abspaltung der Volksrepubliken Donezk und Luhansk nicht besetzt werden). Der Erdrutschsieg bedeutet, dass Selenskyj keine Koalition mit Jazenjuk oder Poroschenko eingehen muss, sondern ein eigenes Ministerkabinett zusammenstellen kann. Da das ukrainische Parlament nur aus einer Kammer besteht, ist dem neuen Präsidenten automatisch eine ausreichende

Unterstützung für die Gesetze sicher, mit denen er das Land innerhalb von fünf Jahren grundlegend reformieren will.

Etwas mehr als sechs Monate nach der Ankündigung seiner Kandidatur hat Selenskyj die ukrainische politische Landschaft völlig auf den Kopf gestellt. Sein überwältigender Wahlsieg ist jedoch keine Garantie für Erfolg. Selenskyjs Abgeordnete sind nicht alle politische Schwergewichte. In der Provinz Saporischschja erringt der Hochzeitsfotograf Serhij Schtepa einen Sitz. Im Oblast Tscherkassy gewinnt Oleksandr Skitschko, ein achtundzwanzigjähriger TV-Moderator, der 2017 den Eurovision Song Contest in Kiew moderierte. »Wir packten den Sticker ›Team Selenskyj‹ darauf und hatten einen erfolgreichen Kandidaten«, erinnert sich Selenskyjs politischer Berater Andrij Bohdan. Schlimmer noch, einige der neuen Abgeordneten sind politische Glücksritter mit wenig Loyalität gegenüber ihrer Partei. Außerdem lassen sich die Kandidaten nur schwer auf einen Nenner bringen. Bohdan: »Es war ein Mischmasch von Ideologien.«

Im November 2019 gibt die Leitung von Diener des Volkes zu, dass es intern Verwirrung über den Kurs gibt. »Unsere politische Ausrichtung ist die des Libertarismus«, sagt der Parteivorsitzende Oleksandr Kornijenko »aber die liberale Idee wird noch nicht von allen unterstützt, sodass wir vorerst Kompromisse zwischen liberalen und sozialistischen Vorstellungen finden müssen.«

Am 29. August stellt Selenskyj das neue Kabinett vor. Es handelt sich um ein Team junger Technokraten, die häufig eine angesehene Ausbildung in Westeuropa oder den Vereinigten Staaten absolviert haben. Die erst neunundzwanzigjährige Beamtin Hanna Nowosad wird Bildungsministerin. Sozialministerin Julija Sokolowska ist vierunddreißig Jahre alt, hat aber bereits ein Ausbildungsprogramm des Internationalen

Währungsfonds absolviert. Der Außenseiter ist Arsen Awakow, ein alter Hase, der seit 2014 Chef des mächtigen Innenministeriums ist. Ministerpräsident wird der fünfunddreißigjährige Jurist und Experte für öffentliche Verwaltung Oleksij Hontscharuk. Er ist der jüngste Ministerpräsident in der ukrainischen Geschichte.

Selenskyjs Minister werden von den ukrainischen Medien schnell als *Sorosjata* (»Soros-Youngster«) bezeichnet, nach dem amerikanisch-ungarischen ehemaligen Börsenspekulanten George Soros, der viele Milliarden seines Vermögens zur Förderung progressiver und liberaler Kräfte in Osteuropa und der ehemaligen Sowjetunion gespendet hat. Selenskyjs Mannschaft ist jung, gut aussehend, ehrgeizig – und spektakulär unerfahren.

Am Ende des Sommers veröffentlicht Selenskyj einen Dokumentarfilm über die ersten hundert Tage seiner Präsidentschaft. Der Präsident wird von Stanislaw Boklan interviewt, dem Schauspieler, der den Ministerpräsidenten in der Serie *Diener des Volkes* spielte. Der Präsident vermeidet immer noch so weit wie möglich echte Interviews mit der Presse; Pressekonferenzen seiner Sprecher sind eine Seltenheit. Selenskyj zieht es vor, über soziale Medien direkt mit den Wählern zu kommunizieren, und behält alle Reaktionen genau im Blick.

»Es wird Zeit, dass du Eier zeigst«, schreibt ein gewisser Jurij Krupp im Juni 2019 auf Facebook.

»Checken Sie Ihre privaten Nachrichten«, antwortet Selenskyj.

Sein politischer Berater Andrij Bohdan sagt, der neue Präsident habe ihm manchmal um zwei Uhr nachts eine SMS geschickt. »Da hatte irgendein Bot mit zwanzig Likes etwas Böses über ihn geschrieben. Da ist er sehr sensibel.« Das überrascht Bohdan: »Er hat doch sein ganzes Leben lang andere Politiker kritisiert.«

Im September wird Selenskyj in den großen Skandal verwickelt, der zur Einleitung eines Amtsenthebungsverfahrens gegen Donald Trump führen wird.

Der US-Präsident ist auf der Suche nach schmutziger Wäsche über seinen demokratischen Gegner bei den kommenden Präsidentschaftswahlen, den ehemaligen Vizepräsidenten Joe Biden. Jetzt glaubt das Trump-Lager, in der Ukraine etwas gefunden zu haben.

Im Jahr 2016 übte Biden erheblichen Druck auf die Regierung Poroschenko aus, den damaligen Generalstaatsanwalt der Ukraine, Wiktor Schokin, zu entlassen. Nach Ansicht Washingtons und der EU war Schokin ein Hindernis bei der Korruptionsbekämpfung in der Ukraine. Nach Angaben des Trump-Lagers war der wahre Grund jedoch eine (ruhende) Untersuchung wegen Korruptionsvorwürfen gegen den Oligarchen Mykola Slotschewskyj, den Eigentümer des Gasunternehmens Burisma. Joe Bidens Sohn Hunter sitzt seit 2014 im Aufsichtsrat von Burisma. Trump zählt eins und eins zusammen: Biden senior ließ Schokin feuern, um die Strafverfolgung seines Sohnes Hunter zu verhindern.

Am 25. Juli ruft Trump Selenskyj an. Der US-Präsident bittet ihn um »einen Gefallen«.

»Es wird viel über Bidens Sohn geredet, dass Biden die Ermittlungen gestoppt hat«, sagt Trump, »und viele Leute wollen das genauer wissen. Was immer Sie mit dem Generalstaatsanwalt machen könnten, wäre gut.«

Regelkonform hätte Selenskyj antworten sollen: »Mr. Trump, im Rahmen der ukrainischen Rechtsstaatlichkeit ist die Staatsanwaltschaft unabhängig, ich kann ihr nicht sagen, was sie zu tun hat.«

Stattdessen redet er dem US-Präsidenten nach dem Mund: »Der nächste Generalstaatsanwalt wird zu hundert Prozent mein Mann, mein Kandidat sein«, versichert Selenskyj Trump. »Er oder sie wird sich die Situation ansehen, insbesondere das Unternehmen, das Sie im Zusammenhang mit dieser Frage erwähnt haben.«

Selenskyj steht unter großem Druck, weil die Vereinigten Staaten ein wichtiger Verbündeter sind – und Trump weiß das. Eine Woche vor dem Anruf ordnete der US-Präsident an, dass Waffenlieferungen an die Ukraine im Wert von 400 Millionen Dollar vorerst eingefroren werden. Unmittelbar nach dem Telefongespräch wird die Selenskyj-Verwaltung mit Anfragen aus dem Trump-Lager überhäuft, zunächst von Trumps Anwalt Rudy Giuliani, dann von Mitarbeitern des Weißen Hauses.

Doch Selenskyj hat nicht die Absicht, nach Trumps Pfeife zu tanzen. Andrij Jermak, ein Rechtsanwalt und Filmproduzent, der von Selenskyj zum Sonderberater für Außenpolitik ernannt wurde, hört Giuliani höflich zu, macht aber so wenige Zugeständnisse wie möglich.

Am 18. September berichtet die *Washington Post*, dass ein Whistleblower das Gespräch mitgehört und über möglichen Amtsmissbrauch durch Trump berichtet habe. Ende September wird die Militärhilfe in Höhe von 400 Millionen Dollar freigegeben. Für Selenskyj soll der Skandal noch ein böses Nachspiel haben, als das Weiße Haus den Mitschnitt des Telefongesprächs mit Trump veröffentlicht. Der ukrainische Präsident hatte dem selbst zugestimmt, aber nicht erwartet, dass das, was er gesagt hatte, auch nach außen gegeben würde. Jetzt kommt er als schwache Figur und als Marionette Washingtons rüber. Selenskyj ist darüber ziemlich verärgert.

In Wirklichkeit steuert Selenskyj seinen eigenen Kurs – ob es den Verbündeten nun gefällt oder nicht. Am 7. September empfängt der ukrainische Präsident auf dem Flughafen Boryspil in der Nähe von Kiew fünfunddreißig Ukrainer, die lange Zeit von Russland festgehalten worden waren. Die meisten von ihnen sind Angehörige der Marine, die bei einem Zwischenfall in der Straße von Kertsch am 25. November 2018 gefangen genommen wurden. Die Russen lassen aber auch mehrere prominente ukrainische Aktivisten frei, so den Filmemacher Oleh Senzow, der zuvor wegen »Terrorismus« auf der Krim zu zwanzig Jahren Haft verurteilt worden war – ein klar politisch motiviertes Urteil.

Im Gegenzug hat Kiew eine Reihe verurteilte Separatisten freigelassen. Um das Geschäft abzuschließen, ruft Selenskyj selbst den russischen Präsidenten Putin an.

Für Selenskyj ist der Gefangenenaustausch ein Triumph. »Der erste Schritt zur Beendigung des Krieges«, so der Präsident vor der Presse. Aber der ukrainische Präsident muss große Zugeständnisse machen, um sein Ziel zu erreichen. Fünf ehemalige Beamte der Berkut-Spezialeinheit, denen vorgeworfen wird, während des Majdan-Aufstands auf Demonstranten geschossen zu haben, werden freigelassen. Sie sind nicht die Einzigen.

Zur selben Zeit, als Senzow seine Tochter am Kiewer Flughafen in die Arme schließt, besteigt der ukrainische Separatistenkommandant Wolodymyr Zemach ein Flugzeug nach Moskau – sehr zum Leidwesen der niederländischen Regierung.

Zemach ist ein wichtiger Zeuge bei den Ermittlungen zum Abschuss von Flug MH17 von Amsterdam nach Kuala Lumpur am 17. Juli 2014, bei dem allein 196 niederländische Staatsangehörige ihr Leben verloren. Einige Monate zuvor hatte das Joint Investigation Team (JIT), die internationale Ermittlungsgruppe, die den Flugzeugabsturz untersuchte, angekündigt, dass die Russen Igor Girkin, Sergej Dubinskij, Oleg Pulatow und der Ukrainer Leonid Chartschenko strafrechtlich verfolgt werden würden. Weniger als eine Woche später entführten Agenten des ukrainischen Geheimdienstes Wolodymyr Zemach in einer Operation tief im Rebellengebiet. Bei der spektakulären Aktion wurde ein ukrainischer Soldat getötet und ein weiterer verwundet.

Die Niederlande versuchen mit allen Mitteln, die Auslieferung von Zemach zu verhindern. Am 2. September teilt der Chefankläger und Leiter des JIT, Fred Westerbeke, der ukrainischen Generalstaatsanwaltschaft in einem Schreiben mit, dass es »von höchster Wichtigkeit« sei, dass der Zeuge »für (weitere) Vernehmungen zur Verfügung steht«. Trotz des schwerwiegenden Verdachts (Terrorismus) und trotz der Proteste des ukrainischen Staatsanwalts Oleh Peresada beschloss das Gericht in Kiew am 5. August, die Untersuchungshaft gegen den Rebellenkommandeur aufzuheben. Alles deutet darauf hin, dass der Richter dies auf Anweisung des ukrainischen Präsidenten getan hat.

An dem Tag, an dem Selenskyj die ukrainischen Gefangenen in Boryspil empfängt, richtet der niederländische Außenminister Stef Blok ein Schreiben an die Zweite Kammer des Parlaments in Den Haag. »Das Kabinett bedauert sehr [...], dass Herr Zemach auf Druck der Russischen Föderation in diesen Gefangenenaustausch einbezogen wurde.«

Selenskyj ist von der niederländischen Verärgerung unbeeindruckt. »Sie wissen, warum ich diese Entscheidung getroffen habe«, sagt der Präsident einen Monat später vor der ukrainischen Presse. »Sie wissen, dass die ukrainischen Bürger für mich an erster Stelle stehen.«

Selenskyj hat andere Dinge im Kopf als MH17. Der ukrainische Präsident ist damit beschäftigt, einen Ausweg aus dem ins Stocken geratenen Friedensprozess um die Ostukraine zu finden.

2015 einigten sich die Kriegsparteien in den Minsk-II-Vereinbarungen auf die Bedingungen für einen Frieden: Abzug aller Truppen, Rückgabe der Kontrolle über die Grenze zu Russland an die Ukraine, Kommunalwahlen und ein Autonomiestatus für die von den Separatisten kontrollierten Gebiete von Donezk und Luhansk.

Die Ukraine hat Minsk II mit einem Messer an der Kehle unterzeichnet. Für viele Ukrainer sind die Zugeständnisse des damaligen Präsidenten Poroschenko schlecht verdaulich. Dennoch gelang es Poroschenko 2018, ein Gesetz über einen »Sonderstatus« für Donezk und Luhansk durch die Rada zu bringen. Das Gesetz wird in Kraft treten, sobald weitere Schritte im Friedensprozess unternommen worden sind. Die Minsker Vereinbarungen sind jedoch vage, was die Reihenfolge betrifft, in der dies geschehen soll. Was Russland betrifft, so wird zunächst der Autonomiestatus eingeführt, danach werden Kommunalwahlen abgehalten, und erst dann wird mit der Übergabe der Kontrolle über die Grenze begonnen.

Für Kiew ist dies ein Albtraumszenario. Solange prorussische Kräfte Donezk und Luhansk kontrollieren, weiß Kiew, dass normale Wahlen nicht möglich sind und dieselben »Führer« an die Macht kommen – Marionetten Moskaus. Mit der Kontrolle über zwei autonome Regionen auf ukrainischem Staatsgebiet wird Putin noch viele Jahre lang Einfluss auf die ukrainische Politik haben, und Kiew kann seine Ambitionen auf eine EU- oder NATO-Mitgliedschaft begraben. Kein Wunder, dass die Verhandlungen über die Umsetzung von Minsk II schon vor Jahren in eine Sackgasse geraten sind.

In einem Versuch, die unterschiedlichen Vorstellungen im Zusammenhang mit den Wahlen zusammenzubringen, hat der damalige deutsche Außenminister Frank-Walter Steinmeier 2016 einen komplizierten Kompromiss vorgeschlagen, bei dem die

Autonomie vorübergehend nach Schließung der Wahllokale um 20 Uhr in Kraft treten und der »Sonderstatus« dauerhaft werden soll, sobald unabhängige Beobachter der OSZE festgestellt haben, dass die Wahlen fair und demokratisch durchgeführt worden sind. Es ist ein technischer Ansatz, der das eigentliche Problem nicht angeht: Russland will keine dauerhafte Lösung für den Donbass, sondern die Ukraine destabilisieren.

Dennoch beschließt Selenskyj, am 1. Oktober die Steinmeier-Formel zu unterzeichnen. Dies führt zu wütenden Protesten auf den Straßen von Kiew. »Nein zur Kapitulation«, rufen die Demonstranten.

Selenskyj glaubt, er könne alles erklären. Am 10. Oktober gibt er seine erste große Pressekonferenz für die ukrainischen Medien. Auch dieses Mal wollen Selenskyj und seine Berater alles anders machen als sonst. Präsident Putin und der belarussische Staatschef Alexandr Lukaschenko sind für ihre stundenlangen Pressekonferenzen bekannt, doch der ukrainische Präsident wird einen Weltrekord von vierzehn Stunden aufstellen – und dafür eine Urkunde vom Guinness-Buch der Rekorde erhalten. Der Plan, die Veranstaltung in einer McDonald's-Filiale abzuhalten, stößt auf Einwände aus Washington, sodass sich Selenskyj für einen trendigen Food-Court im Zentrum von Kiew entscheidet. Der Präsident sitzt mit wechselnden Journalistenteams an einem Holztisch – Selenskyj möchte »jedem in die Augen sehen können«. Es werden Luxus-Hamburger serviert.

»Mein Hauptziel ist es, den Krieg zu beenden«, sagt Selenskyj. »Und wie wir das machen wollen, darüber werden wir später sprechen.« Keine fünf Minuten später wiederholt er eine harte Bedingung, mit der er den »Minsker Prozess« infrage stellt: »Kommunalwahlen im Donbass werden erst nach dem Abzug aller Truppen möglich sein.«

Am 9. Dezember reist Selenskyj nach Paris zu Verhandlungen zwischen der Ukraine, Russland, Frankreich und Deutschland im Rahmen des Normandie-Formats. Am 6. Juni 2014, während der Gedenkfeier zum 70. Jahrestag des D-Day in Frankreich, trafen sich die Staats- und Regierungschefs dieser Länder zum ersten Mal. Seitdem wurde nicht mehr erreicht als ein Waffenstillstand, der fast täglich gebrochen wird. Seit Beginn des Krieges sind mehr als 14 000 Menschen getötet worden – Militärs und Zivilisten. Selenskyj ist optimistisch: Als er den Élysée-Palast betritt, macht er das V-Zeichen. Auch der französische Präsident Emmanuel Macron wirkt entschlossen. Wladimir Putins Miene ist wie immer ausdruckslos, und die deutsche Bundeskanzlerin Angela Merkel zeigt, dass sie wenig Hoffnung auf ein Happy End hegt.

Frankreich und Deutschland sehen das Treffen vor allem als einen Neuanfang. Putin und Selenskyj stehen sich zum ersten Mal gegenüber. Macron erklärt: »Wir betrachten dies als eine langfristige Investition.«

Die vier Parteien setzen sich um 18.30 Uhr zusammen. Gegen 21 Uhr verlassen Macron und Merkel den Sitzungssaal, und die Ukrainer stehen den Russen allein gegenüber. Die beiden europäischen Staats- und Regierungschefs haben Putin zu Zugeständnissen gedrängt – wie auch Selenskyj. Der russische Präsident ist zwar höflich, aber unnachgiebig: Erst wenn alle Bedingungen von Minsk II erfüllt seien, werde die Ukraine die Kontrolle über ihre Grenze zurückerhalten. Inakzeptabel, findet Selenskyj. Die Parteien versuchen, andere Fragen zu klären: den Rückzug der Truppen an den Brennpunkten der Front. Aber auch hier verzettelt sich das Gespräch. Der ukrainische Innenminister Arsen Awakow erinnert sich, dass Putins Berater Wladislaw Surkow, der im Kreml für die Ukraine-Politik zuständig ist, wütend seine Papiere auf den Tisch warf: »So haben wir das nicht vereinbart!«

Auch Selenskyj ist zunehmend aufgewühlt: Auf der anderen Seite des Verhandlungstischs sprechen Politiker aus Moskau im Namen der »Bewohner des Donbass« – seiner Landsleute. Awakow zufolge geht der ukrainische Präsident daraufhin den russischen Außenminister Sergei Lawrow an: »Sie nicken die ganze Zeit so zustimmend«, sagt Selenskyj. »Aber ich kenne alle Dörfer und Städte, von denen wir sprechen, ich habe sie zu Fuß durchquert, bis zur Grenze. Sie nicht, Herr Lawrow!«

Die Verhandlungen in Paris erbringen keine konkreten Ergebnisse. Auf der anschließenden Pressekonferenz – es ist nach Mitternacht – sagt Macron, dass sich Putin und Selenskyj in vier Monaten wieder treffen würden. Selenskyj bestätigt, dass er keine Einwände dagegen habe. Putin denkt anders. Trotz zahlreicher Einladungen von Selenskyj werden sich die beiden Männer nicht mehr treffen.

In der Zwischenzeit macht Selenskyj spektakuläre Fortschritte in der Innenpolitik. Die von dem fünfunddreißigjährigen Hontscharuk geführte Regierung bringt einen Gesetzesentwurf nach dem anderen ein, die dann von Selenskyjs absoluter Mehrheit in der Rada schnell durchgepeitscht werden.

Dies ist auch dringend erforderlich. Im Jahr 2019 ist die Ukraine immer noch das ärmste Land in Europa mit einem durchschnittlichen Monatseinkommen von 300 Dollar pro Person. Im Global Competitiveness Rating des Weltwirtschaftsforums liegt das Land auf Platz 85. Was die Korruption anbelangt, kommt die Ukraine laut Transparency International auf Platz 126; bei der Unabhängigkeit der Gerichte rangiert das Land auf Platz 105 – und damit noch hinter Russland.

Die Hontscharuk-Regierung lässt sich davon nicht beirren. Sie beseitigt hinderliche Gesetze und Vorschriften in den Bereichen Bauwesen, Immobilien, Zoll und Mobilfunk. Sie beschneidet die Privilegien der allmächtigen Öl- und Gasgesellschaft Naftohas. Die Regierung startet eine gründliche Reform des öffentlichen Dienstes – von nun an wird es viel einfacher sein, Beamte zu entlassen. Manchmal wird das Kind mit dem Bade ausgeschüttet. Da die Staatsanwaltschaft entschlackt werden soll, müssen sich 1339 Staatsanwälte der Heneralna Prokuratura, der Generalstaatsanwaltschaft, erneut um ihre Stellen bewerben. Nicht alle bestehen die strenge Nachprüfung von sechstausend Fragen. Andere werden aufgrund von anonymen Berichten über Selbstbereicherung entlassen.

Die sechs ukrainischen Offiziere, die im Auftrag der Ukraine mit dem Dossier MH17 befasst sind, werden ebenfalls entlassen. Die niederländische Generalstaatsanwaltschaft muss Himmel und Hölle in Bewegung setzen, um den ukrainischen Ermittlungsleiter Oleh Peresada zu halten – vielleicht nicht als Staatsanwalt, aber zumindest als Berater des JIT. Die Massenentlassung der Heneralna Prokuratura schafft schnell einen Rückstau an zu bearbeitenden Fällen.

Im Frühjahr 2020 gerät das »Turboregime« der Hontscharuk-Regierung ins Schleudern. Bereits im September 2019 trat Oleksandr Danyljuk, der Sekretär des Nationalen Sicherheitsrats, zurück. »Selenskyj mag es nicht, wenn die Menschen in seiner Umgebung schlecht über ihn sprechen«, sagt er.

Berater Andrij Bohdan, der Selenskyj zur Präsidentschaft verholfen hat, wird im Februar 2020 entlassen. Schon seit einiger Zeit gab es Gerüchte über seinen aggressiven Umgang mit Kollegen und Journalisten, aber der konkrete Grund für seine Entlassung ist unklar. Selenskyj nannte ihn eine »ungeliebte Ehefrau«, erinnert sich Bohdan: »Er sagte: ›Ich weiß nicht, was du richtig oder falsch machst, aber du irritierst mich enorm.‹«

Im März stürzt das gesamte Kabinett Hontscharuk. Im Januar hatte ein anonymer YouTube-Kanal Aufnahmen eines Treffens des Ministerpräsidenten mit Finanzministerin Oksana Markarowa und einigen hochrangigen Beamten, darunter dem stellvertretenden Leiter der Nationalbank, veröffentlicht. Darin äußert sich der Ministerpräsident abschätzig über seinen Präsidenten.

In den letzten Monaten stieg der Wechselkurs der Hrywnja gegenüber dem Dollar, ein Haushaltsdefizit entstand. Selenskyj, so Hontscharuk, verbindet (fälschlicherweise) beides miteinander: Wie kann es sein, dass die Hrywnja gestiegen ist und wir trotzdem weniger Geld haben?

»Selenskyj hat ein sehr primitives Verständnis von wirtschaftlichen Prozessen«, sagt Hontscharuk auf der Aufnahme. »Du musst ihm eine Geschichte erzählen ... Schau, Wowa, dass der Dollarkurs niedriger ist, bedeutet, dass der russische Salat zu Neujahr ...«

»Nicht teurer wird als im letzten Jahr«, fügt ein anderer hinzu.

Hontscharuk gibt zu, dass er auf der Aufnahme zu hören ist, sagt aber, das Band sei geschnitten worden. Der Ministerpräsident bietet seinen Rücktritt an. Selenskyj weigert sich zunächst, doch Anfang März gibt er auf einer Sondersitzung der Rada den Rücktritt der Regierung bekannt.

Selenskyj versucht, den Rücktritt zu rechtfertigen. »Ja, dies ist die erste Regierung, die nicht korrupt ist, aber nicht zu stehlen ist nicht genug«, sagt er. »Dies ist eine Regierung mit neuen Gesichtern, aber es werden auch neue Köpfe und Herzen gebraucht. Diese Regierung weiß, was zu tun ist, aber Wissen allein reicht nicht aus, wir müssen hart arbeiten.«

Die neue Regierung wird von dem fünfundvierzigjährigen ehemaligen Minister für regionale Entwicklung Denys Schmyhal geleitet. Von den fünfzehn Ministern der alten Mannschaft gehören nur fünf dem neuen Kabinett an.

Ukrainischen Medien zufolge meldet der Geheimdienst SBU Selenskyj, wer Hontscharuk verwanzt hat, doch es kommt zu keiner strafrechtlichen Verfolgung. Der Fall wird zum Staatsgeheimnis erklärt, die Ermittlungen verschwinden in einer Schublade.

Im März wird Generalstaatsanwalt Ruslan Rjaboschapka – der Mann, den Selenskyj in dem Telefongespräch mit Trump als »hundert Prozent mein Mann« bezeichnet hatte – überraschend entlassen. Rjaboschapka ist erst seit sechs Monaten im Amt. Nach Angaben des ehemaligen Generalstaatsanwalts war der ukrainische Präsident nicht mehr von seiner »vollen Loyalität« überzeugt.

Selenskyj will Ergebnisse sehen: Strafverfahren, Verurteilungen. »Es werden Namen genannt, und es wird über die Notwendigkeit gesprochen, Verfahren gegen sie einzuleiten und sie zu verurteilen«, so Rjaboschapka über seine Gespräche mit dem Präsidenten. Der Generalstaatsanwalt versucht zu erklären, dass man die rechtliche Sorgfalt nicht aus den Augen verlieren dürfe. So weigert sich der Generalstaatsanwalt beispielsweise, ein Strafverfahren gegen Präsident Petro Poroschenko einzuleiten. »Das, was ich auf meinen Schreibtisch zur Unterschrift bekam, war nur juristischer Unsinn«, sagt der entlassene Jurist später. »Es gab keinen einzigen Beweis.«

»Wenn man keine Ergebnisse erzielt, sollte man nicht an diesem Platz sitzen«, sagt Präsident Selenskyj selbst über die Entlassung von Rjaboschapka. Die neue Generalstaatsanwältin ist Iryna Wenediktowa, die als Leiterin der Bundespolizei an den Ermittlungen gegen Poroschenko beteiligt war. »Ich habe ihr gegenüber keinerlei Bedenken«, sagt Selenskyj. Wenediktowa legt tatsächlich ein hohes Tempo an den Tag: Im Juli gibt Poroschenko bekannt, dass es vierundzwanzig Verfahren gegen ihn gebe. Im September lassen seine Anwälte verlauten, dass sich die Zahl auf achtundfünfzig erhöht habe.

Selenskyj glaubt, dass er tut, was er versprochen hat: die Korruption bekämpfen. Doch die Strafverfolgung des ehemaligen ukrainischen Präsidenten lässt im Westen aufhorchen. »Ich halte das für unklug«, sagt der litauische Außenminister Linas Linkevičius. »Die Ukraine wird Ländern ähneln, in denen man die Opposition ins Gefängnis wirft.«

In der Ukraine regnet es weiterhin Entlassungen. Im April werden die Leiter der Steuer- und der Zollverwaltung von ihren Posten enthoben, und das Nationale Antikorruptionsbüro der Ukraine leitet eine Untersuchung gegen sie ein – obwohl die beiden Führungskräfte als Korruptionsbekämpfer eingestuft wurden. Im Juni tritt Jakiw Smolij, der Leiter der Nationalbank, zurück. Smolij zufolge tat er dies auf Initiative von Selenskyj.

Selenskyj beklagt eine »administrative Anämie«. Der Präsident meint, es sei unmöglich, gute Leute zu finden. »Wir können nicht einmal einen Bildungs- oder Kulturminister ernennen, denn dann schreiben die Medien am nächsten Tag, dass er in der Tasche von Achmetow oder Kolomojskyj steckt.« Laut Melinda Haring, Direktorin des amerikanischen Thinktanks Atlantic Council, ist der Präsident selbst die Ursache des Problems. Selenskyjs Reformer hätten oft gut bezahlte Jobs in der Geschäftswelt aufgegeben, um für ihn zu arbeiten, sagt Haring. Als Dank werden sie nicht nur über Nacht entlassen, sondern auch verfolgt. »Wäre ich in der Regierung Selenskyj, würde ich es mir zweimal überlegen, bevor ich ein Verfahren gegen Menschen einleite, die viel Gutes getan haben.«

Die Abwanderung von guten Verwaltungsangestellten hat Selenskyjs Reformprogramm gebremst. Seine absolute Mehrheit im Parlament erweist sich als weniger wertvoll als erwartet. Nach Recherchen der Nachrichtenagentur *RBK Ukraine* kann der Präsident bis Ende 2020 auf die Loyalität von etwa der Hälfte der Parlamentarier zählen, die für Diener des Volkes in der Rada sitzen. Die andere Hälfte, so schreibt die Nachrichtenagentur, arbeite im Interesse von »anderen Aktionären«. Das ist nicht sehr verwunderlich, denn die Gehälter der Volksvertreter sind niedrig: Der Vorsitzende der Rada verdient nicht mehr als rund 1400 Dollar im Monat (netto).

Einfluss zu kaufen ist also einfach. Journalisten von Bihus.info, die das Abstimmungsverhalten der Mitglieder der Rada analysiert haben, kommen zu dem Schluss, dass von den 426 Abgeordneten 70 die Interessen des Oligarchen Ihor Kolomojskyj vertreten, 100 stecken in der Tasche von Rinat Achmetow, dem reichsten Mann der Ukraine. Nach Angaben von *RBK Ukraine* stehen 20 bis 30 Abgeordnete von Diener des Volkes auf der Gehaltsliste von Kolomojskyj, bei Bedarf kann er auf 40 zurückgreifen. Die Parlamentarier selbst leugnen, dass sie gekauft worden seien.

Im Frühjahr 2020 legt Selenskyj der Werchowna Rada einen Gesetzentwurf zu einer Bankenreform vor. Das Gesetz soll verhindern, dass die von Poroschenko verstaatlichte PrivatBank jemals wieder in die Hände von Kolomojskyj gerät. Um die Verabschiedung des Gesetzes zu verzögern, reicht eine Gruppe von 28 Parlamentariern, darunter Mitglieder von Diener des Volkes, nicht weniger als 16 000 Änderungsanträge ein. Am Ende stimmen nur 200 der 254 Abgeordneten von Selenskyj dafür. Das »Anti-Kolomojskyj-Gesetz« kann nur mit Unterstützung von Poroschenkos Partei Europäische Solidarität und der rechtsliberalen Partei Holos (Stimme) verabschiedet werden.

In dieser Lage wird die Ukraine von der Coronapandemie heimgesucht. Drei bis fünf Millionen Ukrainer arbeiten als Saisonarbeiter im Ausland. Da die Grenzen in ganz Europa geschlossen werden, sind Millionen Bürger ohne Arbeit. Im zweiten Quartal 2020 wird die Wirtschaft um fast zehn Prozent schrumpfen.

In der Bevölkerung herrscht Panik. Als aus dem Ausland evakuierte Ukrainer in der Region Poltawa unter Quarantäne gestellt werden, kommt es zu Protesten. Busse mit zurückkehrenden Bürgern werden mit Steinen beworfen. Nur mithilfe von Soldaten der Nationalgarde gelingt es der Polizei, die Situation unter Kontrolle zu bringen.

Da das Kabinett im März zurückgetreten ist, muss sich ein neuer Gesundheitsminister mit der sich rasch ausbreitenden Epidemie befassen. Als Illja Jemez in der Rada erklärt, dass »alle älteren Menschen sterben«, wird er sofort abgelöst.

Um die wachsende Unruhe zu unterdrücken, schlägt Selenskyj seinen Ministern vor, sich absichtlich mit dem Coronavirus zu infizieren und sich dann im Präsidentenpalast zu isolieren. »Damit die Leute begreifen, dass es sich nicht um die Beulenpest handelt«, sagt er später. »Und wir nicht alle in einer Depression feststecken.«

Seine Minister raten ihm davon ab. Im Juni wird Olena Selenska positiv auf Corona getestet; im November desselben Jahres infiziert sich ihr Mann. Der Präsident macht die Krankheit vorsorglich im Krankenhaus durch.

Während im Herbst die zweite Coronawelle über Europa hinwegfegt, besucht Selenskyj Brüssel – trotz der überall geltenden Reiseverbote. Die Gespräche mit der EU sind zu wichtig, um zu Hause zu bleiben. Charles Michel, der Präsident des Europäischen Rates, grüßt ihn mit ausgestrecktem Ellbogen und Maske. Ursula von der Leyen, die Präsidentin der

Europäischen Kommission, hat sich nach Kontakt mit einem infizierten Mitarbeiter in Isolation begeben.

Es steht viel auf dem Spiel. 2014 unterzeichneten die EU und die Ukraine ein Assoziierungsabkommen, um die wirtschaftlichen Beziehungen zu stärken. Damit können Ukrainer ohne Visum in die Schengen-Länder reisen, was neben den praktischen Vorteilen einen hohen symbolischen Wert hat. Sowohl Brüssel als auch Kiew sind an einem Ausbau der Beziehungen interessiert.

Aber Brüssel ist auch kritisch. »Vielen Beobachtern zufolge hat sich das Tempo der Reformen in letzter Zeit verlangsamt«, schreibt der EU-Außenbeauftragte Josep Borrell einige Wochen vor dem Treffen in seinem Blog. Vor allem wenn es um die Umsetzung der Verpflichtungen aus dem Assoziierungsabkommen geht. Die Bekämpfung der Korruption ist von besonderer Bedeutung. Das Nationale Antikorruptionsbüro der Ukraine wird von der Regierung kontrolliert, die Reformen im Justizwesen stocken, und Brüssel ist besorgt über den Rücktritt des Generalstaatsanwalts Nasar Cholodnyzkyj der sich für die Korruptionsbekämpfung eingesetzt hat. In Brüssel fragt man sich manchmal, ob Selenskyj wirklich reformieren will.

Selenskyj weiß um die Bedenken innerhalb der EU. In der Ukraine gibt es Gerüchte, dass Brüssel die Visafreiheit einschränken will, wenn die Grenzen nach der Coronapandemie wieder geöffnet werden. Um seine Gesprächspartner zu besänftigen, hat der ukrainische Präsident ein Geschenk für von der Leyens Stellvertreter mitgebracht. Der Vizepräsident der EU-Kommission, Maroš Šefčovič, wird in Anerkennung seiner Rolle bei der »Stärkung des internationalen Ansehens der Ukraine« feierlich mit dem Orden des Fürsten Jaroslaw des Weisen (978 bis 1054) ausgezeichnet. Die EU hat beschlossen, Selenskyj mit Samthandschuhen anzufassen. In Brüssel weiß man, dass die Präsidialverwaltung in Kiew kaum Kritik vertragen kann. »Als ich nur vorsichtig etwas sagte wie: Wir sind Ihre Freunde und wollen helfen und deshalb ... hat mein Gesprächspartner sofort abwehrend reagiert«, erzählt ein westlicher Diplomat der ukrainischen Online-Zeitung *Yevropeyskaya Pravda*. Öffentliche Kritik ist für Selenskyj völlig tabu. Der Präsident ist sich mehr als jeder andere der negativen Folgen für das Image seines Landes bewusst, wenn westliche Politiker die Ukraine als »korrupt« bezeichnen.

Am Ende des Gipfels kündigt die EU an, die Integration der Ukraine fortzusetzen – beginnend mit dem Vertrag über den Offenen Himmel, der den ukrainischen Luftraum einbeziehen soll. Selenskyj ist begeistert. »Es war wirklich ein sehr guter Gipfel«, schreibt er auf Facebook. »Weil wir interessant sind. Vielversprechend. Wir sind selbstbewusst auf dem Weg zur Vollmitgliedschaft in der Europäischen Union.«

Die Wahrheit, das weiß Selenskyj nur zu gut, ist viel komplizierter. Im Sommer 2020 dürfen Journalisten ihn zwei Tage lang auf dem Rücksitz seines Dienstwagens begleiten und interviewen.

»Sie regieren das Land jetzt seit einem Jahr«, sagt ein Journalist, während die Eskorte des Präsidenten über die miserablen Straßen der Ukraine holpert. »Was ist Ihnen besonders aufgefallen?«

»Dass uns nicht klar ist, in welcher Lage wir uns befinden«, sagt Selenskyj. Er wird emotional: »Wir arbeiten, wir zahlen Steuern, wir fahren in den Urlaub, aber wenn man genau hinschaut, sieht man, dass alles in Trümmern liegt.«

»Auf gut Ukrainisch: eine große Scheiße.«

»Absolut«, nickt Selenskyj. »Eine totale Scheiße!«

Selenskyj ist um viele Illusionen ärmer als zu Beginn seiner Amtszeit als Präsident. Er hatte versprochen, den Präsidentenpalast in der Bankowa-Straße mit seinem Blattgold und den kitschigen Bronzestatuen gegen ein modernes Büro einzutauschen, musste diesen Plan aber wegen der Kosten (Dutzende Millionen Dollar) aufgeben.

Während des Wahlkampfs sagte er, dass die Landhäuser von Regierungsbeamten für Waisenkinder zur Verfügung gestellt werden sollten, aber wegen der Sicherheit lebt er jetzt mit seiner Familie in der protzigen Präsidentendatscha am Rande von Kiew.

Während seiner Antrittsrede in der Werchowna Rada verfügte Selenskyj, dass keine Porträts von ihm an öffentlichen Orten aufgehängt werden sollen. »Hängen Sie lieber ein Bild Ihrer Kinder auf«, sagte er, »und schauen Sie ihnen in die Augen, bevor Sie eine Entscheidung treffen.« Jetzt wird ihm bewusst, dass das Amt eine sakrale Seite hat und dass der Präsident nicht nur ein cooler Typ sein kann.

Selenskyj weiß inzwischen auch, dass er sein Versprechen, die Dinge innerhalb von fünf Jahren in Ordnung zu bringen, nicht einhalten kann. »Ich habe eine Liste von Reformen versprochen, aber jetzt, da ich im Amt bin, wird diese Liste immer länger«, erklärt Selenskyj im Frühjahr 2020. »Deshalb sage ich: Für die gesamte Liste reicht eine Amtszeit nicht aus.«

Kapitel 7

KONFRONTATION

Wenn Oleksandr Nowikow auf einem Stuhl gesessen hätte, wäre er von diesem heruntergefallen. Es ist der 28. Oktober 2020, und der Direktor der Nationalen Agentur für Korruptionsprävention (NACP) hat ein Urteil des Verfassungsgerichts der Ukraine auf dem Konferenztisch ausgebreitet. Das Papier ist noch warm vom Laserdrucker.

Die *Ukrainska Pravda* hat Nowikow für eine Dokumentation gefilmt, aber jetzt geht es um etwas anderes. Es gibt Neuigkeiten.

»Dieses Urteil ist wirklich ungeheuerlich«, sagt Nowikow und liest die Dokumente mit wachsendem Erstaunen. Der Direktor lacht nervös, legt das Urteil neben das aufgeschlagene Gesetzbuch, fährt mit dem Zeigefinger noch einmal die entsprechenden Passagen ab. »Dies ist eine Bombe für die Korruptionsbekämpfung. Verstehen Sie das?«

Das Verfassungsgericht ist das höchste Gericht der Ukraine und prüft Gesetze und Verordnungen auf ihre Verfassungsmäßigkeit. Die achtzehn Richter genießen ein hohes Maß an Unabhängigkeit, aber der Gerichtshof hat einen schlechten Ruf. Im Jahr 2003 gestattete er Präsident Kutschma (1994 bis 2005) eine dritte (verfassungswidrige) Amtszeit, auf die der Präsident schließlich verzichtete. Unter dessen Nachfolger Janukowytsch (2010 bis 2014) machte der Gerichtshof die politischen

Reformen der Orangen Revolution von 2004 rückgängig. Anfang 2019 hob der Gerichtshof ein Gesetz gegen unerlaubte Selbstbereicherung auf, wodurch fünfundsechzig Korruptionsanklagen abgewiesen wurden. Wie weite Teile der ukrainischen Justiz ist das Verfassungsgericht nicht frei von Korruption; einigen Kritikern zufolge sind die obersten Richter der Ukraine sogar das Herzstück des verrotteten Systems.

Jetzt schlägt das Verfassungsgericht der Korruptionsbekämpfung ein Schnippchen. Seit 2016 müssen alle ukrainischen Amtsträger ihre Einkünfte und Vermögenswerte wie Immobilien, Ersparnisse, Aktien und andere Beteiligungen angeben. Wer mehr besitzt, als er angibt, kann nach Artikel 366-1 des ukrainischen Strafgesetzbuchs strafrechtlich verfolgt werden. Das heißt: könnte. Das Verfassungsgericht hat nun entschieden, dass Artikel 366-1 verfassungswidrig ist, dass jede Sanktion für die Falschangabe von Eigentum verfassungswidrig ist und dass das öffentliche Melderegister geschlossen werden muss. Die juristische Begründung des Urteils ist schwer nachzuvollziehen, aber NACP-Direktor Nowikow sieht sofort die Konsequenzen: »Das wirft uns nicht ins Jahr 2013 zurück, sondern ins Jahr 1991.«

Das Gericht fällte das Urteil nach einer Klage von Volksvertretern zweier Parteien in der Werchowna Rada: der prorussischen Oppositionsplattform »Für das Leben« und der Partei »Für die Zukunft«, die von dem Oligarchen Ihor Kolomojskyj kontrolliert wird. Ukrainischen Medien zufolge wollen die obersten Richter mit diesem Urteil auch vor der eigenen Tür kehren. So hatte der Vorsitzende Oleksandr Tupyzkyj versäumt zu erklären, dass er 2018 ein Grundstück auf der von Russland besetzten Krim gekauft hat.

Laut Andrij Jermak, dem Chef von Selenskyjs Stab, wurde das Urteil von korrupten Politikern und Geschäftsleuten in Auftrag gegeben: einer »präsidentenfeindlichen Koalition aus

Opposition und Oligarchengruppen«. Am selben Tag geht das öffentliche Register, das die Erklärungen von vier Millionen ukrainischen Staatsbediensteten enthält, offline.

Präsident Selenskyj wurde im Voraus über die Entscheidung informiert: Sein Vertreter am Gerichtshof, Fedir Wenislawskyj, hatte ihn am Vortag angerufen. »Zu sagen, dass der Präsident verärgert war, wäre eine ziemliche Untertreibung«, sagt Wenislawskyj über das Telefonat.

Das Urteil löst eine akute Krise aus. Mit einem Federstrich hat das Verfassungsgericht dem Kampf gegen die Korruption ein Ende gesetzt. Dies hat Auswirkungen auf das Assoziierungsabkommen mit der EU (die die Fortschritte der Ukraine bei der Korruptionsbekämpfung ohnehin bereits kritisch sieht) und gefährdet die finanzielle und militärische Hilfe der Vereinigten Staaten. Außerdem ist die Korruptionsbekämpfung eine unabdingbare Voraussetzung für die Vergabe von Krediten durch den IWF und die Weltbank –Finanzspritzen, die die Ukraine seit Jahren erhält.

Seit Beginn des Krieges im Jahr 2014 haben sich die internationalen Investitionen nahezu in Luft aufgelöst, und auch die Coronakrise hat das Wirtschaftswachstum beeinträchtigt. »Das wirft uns zurück nach Russland«, sagt Witalij Schabunin vom Zentrum für Korruptionsbekämpfung. »Es geht nicht mehr nur um Korruption, sondern um das Überleben des Landes als solches.«

Selenskyj stimmt dem zu. Am Tag nach dem Urteil des Verfassungsgerichts beruft er eine Dringlichkeitssitzung des Nationalen Sicherheits- und Verteidigungsrats (RNBO) ein. Der RNBO setzt sich aus den Leitern der Polizei, der Sicherheitsdienste und der Streitkräfte, dem Ministerpräsidenten, dem Parlamentspräsidenten, den Ministern und dem Präsidenten zusammen. In der Vergangenheit hatte der Sicherheitsrat vor allem eine koordinierende Funktion, doch seit dem Ausbruch des Krieges wurde er gestärkt und mit Handlungsbefugnissen ausgestattet.

Auf der Sitzung zählt ein grimmig dreinblickender Selenskyj die Folgen des Urteils auf: »Wir werden kein Geld und keine internationale Unterstützung bekommen, unsere Projekte zur Entwicklung des Landes werden gestoppt werden. Die Hilfe der Weltbank wird gestrichen. Wir werden ein großes Loch in unserem Haushalt haben. Vor allem aber wissen wir nicht, welche Überraschungen das Verfassungsgericht morgen und übermorgen für uns bereithalten wird.«

Der RNBO weist die NACP an, das Melderegister sofort wieder zu öffnen und die Prüfung fortzusetzen. Nach Ansicht des Sicherheitsrats kann er dies tun, weil das Urteil des Verfassungsgerichts »die nationale Sicherheit bedroht«. Am nächsten Tag ist das Register wieder online.

Noch am selben Tag legt Selenskyj der Werchowna Rada einen Gesetzentwurf vor, mit dem die Entscheidung des Verfassungsgerichts aufgehoben und die daran beteiligten Richter entlassen werden sollen. Es handelt sich um eine verfassungswidrige Maßnahme: Nach der ukrainischen Verfassung können die Richter des Gerichtshofs sich nur selbst entlassen. Zwei maßgebliche Gremien des Europarats üben heftige Kritik. In einem Schreiben an Selenskyj sprechen der Vorsitzende der Venedig-Kommission (die in verfassungsrechtlichen Fragen berät) und die Gruppe der Staaten gegen Korruption (GRECO) von einer »groben Verletzung der Verfassung und des Prinzips der Gewaltenteilung«.

Viele Ukrainer sehen das anders. Am Abend des 30. Oktober versammeln sich Hunderte Demonstranten vor dem Gebäude des Verfassungsgerichts und tragen Plakate mit der Aufschrift »Wir schicken die Richter-Verräter nach Rostow« – die russische Stadt, in die Janukowytsch 2014 nach dem Majdan-Aufstand geflohen war. Viele Demonstranten tragen große Fotos des geflohenen Präsidenten mit sich. Selenskyj schürt das Feuer weiter mit einem wütenden Post auf Facebook, in dem er von einer »Verschwörung von Teilen der alten Elite und Oligarchen gegen den Präsidenten und das Land« spricht. Er verweist auf das Datum: Es ist Allerheiligen und Halloween, der Tag, an dem die Geister der Unterwelt umherziehen. »An Halloween zeigen alle Dämonen der politischen Hölle ihr wahres Gesicht«, schreibt Selenskyj. »Sie kennen die Namen der Teufel.«

Die Rada hat jedoch nicht die Absicht, dem Gesetzentwurf von Selenskyj zuzustimmen – zum Ärger des Präsidenten. »An die Äußerungen von Volksvertretern über die ›Verfassungswidrigkeit‹ wird man sich in fünf oder zehn Jahren nicht mehr erinnern«, sagt er in einem Fernsehinterview, »aber jeder wird sich daran erinnern, wie wir begonnen haben, die Justiz zu reformieren.«

Es ist vergebens. Um eine Niederlage in der Rada zu vermeiden, kündigt Selenskyj an, dass er den Rat der Venedig-Kommission einholen werde. Im Dezember kommt die Antwort: Die Kommission kritisiert das Urteil des Verfassungsgerichts, sieht aber keine Möglichkeit, die Richter kurzfristig zu ersetzen.

Selenskyj belässt es nicht dabei. Ende Dezember gibt die Regierung bekannt, dass der Vorsitzende Oleksandr Tupyzkyj wegen des Verdachts der Bestechung und Fälschung für zwei Monate suspendiert wird. Als Tupyzkyj im neuen Jahr versucht, das Gebäude des Verfassungsgerichts zu betreten, hält ihn der Sicherheitsdienst auf. Nach zwei Monaten lassen sich Selenskyjs Berater einen neuen Trick einfallen: Der Präsident widerruft die präsidialen Ukasse, mit denen Tupyzkyj und sein Kollege Oleksandr Kasminin seinerzeit ernannt worden waren – und entlässt die beiden damit de facto. Dies führt zu einem chaotischen Rechtsstreit, in dem beide Richter ihre Entlassung anfechten und die Generalstaatsanwaltschaft gegen einen der obersten Richter der Ukraine vorgeht.

Für Selenskyj ist die Verfassungskrise der Tropfen, der das Fass zum Überlaufen bringt. Als er 2019 gewählt wurde, dachte er, er könne die Ukraine von der Notwendigkeit eines Wandels überzeugen. Nun stellt er fest, dass der Widerstand der korrupten Elite zu groß ist. »Leider habe ich anderthalb Jahre damit vergeudet, meine Ansichten deutlich zu machen und einen Dialog mit allen zu führen«, sagt er im Sommer 2021. »Ich bin es leid, jedes Mal zu verhandeln.«

Selenskyj setzt die schärfsten Waffen ein, die ihm zur Verfügung stehen. Am 2. Februar 2021 wird der RNBO »Sanktionen« gegen den Parlamentarier und Medienunternehmer Taras Kosak verhängen. Die drei Nachrichtenkanäle, deren Eigentümer Kosak ist, NewsOne, 112 Ukraine und SIK, dürfen nicht mehr senden. Das Vermögen des Parlamentariers wird ebenfalls für fünf Jahre eingefroren.

Nach dem Gesetz können solche Maßnahmen verhängt werden, wenn es Beweise für »Terrorismus« oder dessen Finanzierung gibt. Das Gesetz richtet sich eigentlich gegen die Separatisten in Donezk und Luhansk, die sich dem ukrainischen Rechtssystem entzogen haben. Jetzt setzt Selenskyj sie im ukrainischen Hoheitsgebiet ein.

Nach Angaben des Inlandsgeheimdienstes SBU gibt es Hinweise darauf, dass Kosak am Kohlehandel mit dem Donbass beteiligt ist (der trotz des Krieges fortgesetzt wird) und die

Separatisten davon finanziell profitieren. Aber es gibt einen tieferen Grund: Kosak sitzt in der Werchowna Rada für die prorussische Partei Oppositionsplattform – Für das Leben von Wiktor Medwedtschuk, einem Multimillionär und engen Vertrauten Putins. Die Sendungen von Kosaks Kanälen NewsOne, 112 Ukraine und SIK stehen der Regierung Selenskyj kritisch gegenüber und wiederholen manchmal die Rhetorik des Kremls. Viele vermuten, dass sie in Wirklichkeit Medwedtschuk gehören. Die Fernsehsender, so Selenskyjs Berater Mychajlo Podoljak, »werden aktiv und oft ganz offen für ausländische Propaganda in der Ukraine genutzt«.

Die Reaktionen in der Ukraine sind überwiegend positiv – auch in der Presse, wo sich viele Journalisten schon lange über die Propaganda von NewsOne und 112 Ukraine ärgern. Die US-Botschaft in Kiew unterstützt die Maßnahme. Die EU sendet ein doppeltes Signal: Natürlich habe die Ukraine das Recht, sich gegen Desinformation zu verteidigen, aber die Redefreiheit dürfe nicht gefährdet werden.

»Ich bin den Vertretern der Gesellschaft dankbar, dass sie die Notwendigkeit dieser Entscheidung des RNBO verstehen und unterstützen«, schreibt Selenskyj auf Facebook. »Offene Propaganda verdient eine harte gesellschaftliche Antwort.«

Aber nicht jeder unterstützt Selenskyj. Der Sprecher des Parlaments, Dmytro Rasumkow, enthält sich bei der Abstimmung. Rasumkow, ein Vertrauter Selenskyjs, der auch Sprecher seines Wahlhauptquartiers war, hält die Maßnahme für unangemessen. »Sanktionen sind ein gutes Mittel, wenn wir nach ukrainischem Recht keine Strafe verhängen können«, sagte er der ukrainischen Online-Zeitung *Babel*. »Aber in diesem Fall waren alle Instrumente vorhanden. Und die Verhängung von Sanktionen gegen Fernsehsender ist ohnehin eine schlechte Sache.«

Am 13. Februar kündigt Selenskyjs Berater Mychajlo Podoljak neue Sanktionen an – die Entscheidung steht allerdings noch aus. »Nächste Woche gibt es eine weitere wichtige Sitzung«, schreibt Podoljak auf Facebook. »Andernfalls wird es uns nie gelingen, diesen morastigen Sumpf trockenzulegen.«

In seinem Facebook-Post nimmt Podoljak kein Blatt vor den Mund. »Warum bevorzugt der Präsident die Instrumente des RNBO? Das ist ganz einfach. Weil er es leid ist, auf die notwendigen Entscheidungen der Exekutiv- und Legislativorgane zu warten.« Podoljak zufolge ist es nicht möglich, mit der Zustimmung der Rada effektiv zu regieren, da schwierige Entscheidungen im Gefeilsche zwischen den Interessengruppen »stecken blieben«. »Die Gesellschaft will Lösungen«, sagt Podoljak. »Und der RNBO ist ein direktes Machtinstrument für schwierige Probleme. Probleme, die seit Jahren nicht gelöst wurden.«

Es ist eine radikale Position. Präsident Selenskyj will Entscheidungen ohne parlamentarische Kontrolle treffen. Und nicht nur das. Solange die korrupte Justiz nicht gründlich reformiert ist, will Selenskyj den Sicherheitsrat gegen alle ukrainischen Bürger einsetzen, die seiner Meinung nach eine Bedrohung für die nationale Sicherheit darstellen – ohne Einschaltung der Gerichte. »Wir sprechen über ein sehr breites Spektrum«, sagt der Parteivorsitzende Oleksandr Kornijenko: »Von Mafiabossen bis hin zu Wirtschaftskriminellen.«

Am 19. Februar kündigt der RNBO Sanktionen gegen Wiktor Medwedtschuk, dessen Frau und den Partner von Taras Kosak an. Der Sicherheitsrat verstaatlicht den ukrainischen Abschnitt der Ölpipeline Samara-Western Direction, deren De-facto-Eigentümer Medwedtschuk laut ukrainischen Medien ist. Außerdem wurden fünf russische Staatsbürger in die Sanktionsliste aufgenommen.

In den vergangenen Monaten hat Selenskyj die Zahl der Mitarbeiter des RNBO von 160 auf 237 Beamte erhöht. Der Sicherheitsrat verhängt Sanktionen gegen eine russisch-ukrainische Sportbekleidungskette und gegen 19 ukrainische Bergbau- und Ölunternehmen. Der RNBO verbietet Privatjets die Landung in Moskau. Er verstaatlicht die Fluggesellschaft Motor Sich Airlines und verhängt Sanktionen gegen Offiziere der ukrainischen Armee, die des Verrats beschuldigt werden, sowie gegen ukrainische Bürger, die des Schmuggels oder der Organisierten Kriminalität verdächtigt werden. Rund 150 Beamte werden vom RNBO aus ihrem Amt entfernt. Bis Ende 2021 hat die Regierung Selenskyj Sanktionen gegen 1162 Bürger und 680 juristische Personen verhängt. Nach Angaben des RNBO sind etwa 100 Bürger versehentlich auf der Liste gelandet.

Am 12. März 2021 nimmt Selenskyj eine Videobotschaft auf. »Ich brauche Ihnen nicht zu sagen, dass die jüngsten Beschlüsse des RNBO eine ziemliche Reaktion hervorgerufen haben – Zustimmung, aber auch verständliche Empörung bei denjenigen, die in den Beschlüssen des Rates auf ihren Namen oder ihr Unternehmen gestoßen sind. Lassen Sie mich klipp und klar sagen, was hier vor sich geht. Die Ukraine verteidigt sich selbst. Sie verteidigt sich gegen diejenigen, die ihr seit Jahren einen Hieb nach dem anderen versetzen.«

Ukrainische Menschenrechtsorganisationen schreien Zeter und Mordio. »Sanktionen gegen die eigenen Bürger sind nur möglich, wenn sie im Ausland leben oder sich in den besetzten Gebieten der Ukraine (Krim und Donbass) verstecken und die Regierung keine andere Möglichkeit hat, sie zur Rechenschaft zu ziehen«, schreiben mehrere Organisationen am 6. April in einer gemeinsamen Erklärung. »Bei den Maßnahmen des

Präsidenten handelt es sich nicht um Sanktionen im völkerrechtlichen Sinne, sondern um eine direktive Regierungsform.«

Viele Politiker stimmen dem zu. »Man kann die Arbeit der Institutionen im Land nicht einfach ersetzen«, sagt Olena Kondratjuk von der Vaterlandspartei, die neue stellvertretende Vorsitzende der Rada. »In der Praxis ist der RNBO jetzt die Staatsanwaltschaft, die Nationale Agentur für Korruptionsprävention, die Steuerbehörde, die Justiz und so weiter.«

Im Laufe des Jahres trifft der RNBO mehr und mehr politische Entscheidungen. Der Rat beschließt, dass der monopolisierte Markt für Kabelfernsehen aufgebrochen, die Nachrichtendienste evaluiert und der Flugzeugbau gefördert werden muss. Der Rat empfiehlt, den Auftrag von Präsident Selenskyj, innerhalb von drei Jahren eine Milliarde Bäume zu pflanzen, umzusetzen und die Zahl der Impfungen gegen Corona auf 350 000 pro Tag zu erhöhen. Der RNBO schreibt außerdem vor, dass die Verteidigungsausgaben mindestens 5,95 Prozent des Bruttoinlandsprodukts betragen müssen. Im Juli 2021 beschließt der RNBO, den Vorstand der ukrainischen Staatsbahn vorübergehend zu ersetzen.

In der dritten Augustwoche wird Vitali Klitschko, jetzt Bürgermeister von Kiew, vom RNBO vorgeladen. Der Sicherheitsrat will mit ihm über die »Zerstörung von Nationaldenkmälern« und die Qualität des Trinkwassers in der Hauptstadt sprechen. Nach Angaben von Klitschko erhält er die Einladung zwei Stunden vor der Ratssitzung. Der Bürgermeister sagt, dass sein Terminkalender es ihm nicht erlaube zu erscheinen.

Oftmals ist der Sicherheitsrat nicht mehr als ein Absegnungsorgan für Entscheidungen, die vom Präsidentenstab vorbereitet werden. »Viele Punkte, die wir diskutieren müssen, sehen wir erst kurz vor der Sitzung«, sagt Parlamentspräsident Rasumkow. »Einige Teile der Sanktionsliste standen nicht einmal auf dem Papier«, erinnert sich Innenminister Arsen Awakow entrüstet. »Als Mitglied des RNBO hatte ich nicht einmal die Unterlagen. Ich sagte zu Danilow [dem Sekretär des Rates]: Oleksij, ich habe diese Namen, die jetzt präsentiert werden, gar nicht in meinen Unterlagen, was soll das? Er sagte, er habe vergessen, sie zu kopieren.« Für ihn sei das ein Grund zurückzutreten, erzählt Awakow in einem Interview Ende des Jahres. »Da wollte ich nicht mitmachen.«

Selenskyj ist jedoch zufrieden, als er im Oktober 2021 Bilanz zieht. »Es war sehr wichtig, dass der RNBO eingerichtet wurde; dieses Gremium hat sich als äußerst effizient erwiesen. Die Finanzcliquen, die Oligarchen, die Staatsverräter haben Angst, sie spüren den Druck jeden Tag. Und die Menschen wissen das zu schätzen, die Gesellschaft glaubt daran.« Und er droht: »Wenn du ein Verräter bist, dann werden wir dich in deine Schranken weisen.«

Selenskyj ist ein Mann mit einer Mission: Er will die Ukraine in ein modernes Land mit einer digitalen Wirtschaft und einem hohen Lebensstandard verwandeln. Die Regierung nimmt die schlechten Straßen der Ukraine in Angriff: Bis Dezember 2021 sollen 14 000 Kilometer Asphalt erneuert werden – vierzig Prozent des Hauptstraßennetzes. Um den Tourismus anzukurbeln und das Image der Ukraine zu verbessern, werden historische Gebäude und Museen restauriert. Selenskyj träumt von einem Geschäftsviertel, der Kiewer City, und von einer speziellen Präsidialuniversität, die »die Kader der Zukunft« ausbilden soll. Es wird an einer »papierlosen Regierung« gearbeitet und an der Digitalisierung des Justizwesens unter dem Motto »Das Gericht in Ihrem Smartphone«.

Noch wichtiger sind die Landreformen, die unter Selenskyj begonnen werden. Dreißig Jahre nach dem Ende der Sowjetunion ist es immer noch verboten, landwirtschaftliche Flächen zu verkaufen. Im Jahr 2021 stimmt die Rada zu, zumindest einen Teil der Ackerflächen schrittweise freizugeben.

Bei einem Treffen mit dem neuen US-Präsidenten Joe Biden im August legt Selenskyj in Washington einen detaillierten Plan mit achtzig Großprojekten für die »Transformation der Ukraine« in den nächsten zehn Jahren vor. Kosten: 277 Milliarden Dollar. Ohne massive Auslandsinvestitionen sind solche Zukunftspläne ein Hirngespinst – das Bruttoinlandsprodukt der Ukraine beträgt im Jahr 2021 weniger als 200 Milliarden Dollar. Aber Investoren muss man mit der Lupe suchen: Die Ukraine ist ein durch und durch korruptes Land, das sich immer noch im Krieg befindet. Für das Jahr 2021 werden die ausländischen Investitionen auf 6,5 Milliarden Dollar geschätzt.

Angesichts der manchmal unüberwindlich erscheinenden Probleme seines Landes zeigt Selenskyj die eiserne Disziplin, die ihn auszeichnet. Der Präsident ist stolz darauf, dass er kein einziges Gramm zugenommen hat: Sein Lieblingsessen – Pommes – isst er höchstens zweimal im Jahr. Er treibt zwar immer noch begeistert Sport, aber für Spaziergänge mit seiner weißen Schweizer Schäferhündin Nora und seinem schwarzen Zwergschnauzer Petja bleibt kaum noch Zeit. Selenskyj bedauert das: Nach all den negativen Erfahrungen mit Politikern liebt er die Menschen weniger, seine Hunde dafür umso mehr. In Momenten der Schwäche verfällt er wieder in seine Nikotinsucht und dampft eine E-Zigarette.

»Er hat sich sehr verändert«, sagt Kwartal-Kollege Oleksandr Pikalow. »Er spricht anders mit den Leuten, er analysiert, er fährt nicht so schnell aus der Haut. Selenskyj war früher ein emotionaler Vulkan, der jeden Moment ausbrechen konnte. Jetzt behält er seine Gefühle für sich, ist manchmal verschlossen. Er ist weiser und stärker geworden«, sagt Pikalow. »Irgendwie arbeitet er ständig an sich, als führe er einen inneren Dialog, berät sich mit sich selbst.«

Kwartal 95 macht ohne den Chef weiter. In den ersten Monaten seiner Präsidentschaft sieht Selenskyj das Material noch persönlich durch. Als er das aus Zeitmangel aufgeben muss, verfolgt er weiterhin aufmerksam die Auftritte seiner alten Truppe. Laut dem Kwartal-Schauspieler Jurij Welikij (der den Präsidenten spielt) ruft Selenskyj oft seinen ehemaligen Kollegen und besten Freund Jewhen Koschowyj an. »Ich verstehe, dass du Witze machen musst«, sagt Selenskyj einmal, »aber du bist dabei sehr unhöflich.«

Die öffentliche Meinung in der Ukraine ist eine ganz andere: In letzter Zeit sind die Witze von Kwartal 95 ziemlich zahnlos geworden – vor allem die über den Präsidenten des Landes.

Olena Selenska hat ihre Arbeit als Autorin bei Kwartal 95 fortgesetzt. Aber ihr zweiter Job als Präsidentengattin beeinflusse manchmal ihr Schreiben, sagt Oleksandr Pikalow. »Wir machen zum Beispiel krasse Witze über das Kindergeld, und dann sagt Lena: ›Das ist nicht richtig.‹ – ›Aber Lena, das ist Humor‹, sage ich, worauf sie antwortet: ›Humor muss wahr sein.‹«

Olena war strikt gegen Wolodymyrs Entscheidung, in die Politik zu gehen, aber jetzt spielt sie die Rolle der First Lady mit Verve. Sie trägt stilvolle Kleidung ukrainischer Designer und beschränkt ihre Aktivitäten nicht auf traditionelle Themen wie Schulspeisung und Waisenkinder. Gemeinsam mit einer Gruppe von Experten gibt Selenska ein Handbuch zur Diversität heraus, das Anleitungen für den Umgang mit anderen Ethnien,

Menschen mit Behinderung und der LGBT-Community enthält. Für die Ukraine ist sie ausgesprochen modern, um nicht zu sagen: hip.

Tochter Sascha, geboren 2003, ist weniger zufrieden. Als sie klein war, hatte Selenskyj nie Zeit für sie, aber im Laufe der Jahre hat sich ihr Verhältnis zu ihrem Vater verbessert. Jetzt kann sie sich vorstellen, dass sie mit zwei Leibwächtern studieren muss. »Meine Tochter will nicht, dass ich eine zweite Amtszeit antrete«, sagt Selenskyj. »Aber sosehr ich sie auch liebe, das hängt davon ab, wie viel wir schaffen.«

Die Aufgabe ist immens. Die akute Krise um das Verfassungsgericht war kein Ereignis, sondern ein Symptom. »Korruption ist nicht das richtige Wort, um den Zustand der Ukraine zu beschreiben«, erkannte Thomas de Waal vom Carnegie Center im Jahr 2016. Das Problem sei nicht, dass ein gut funktionierender Staat korrupt geworden ist, meint de Waal, es sei viel schlimmer: »Korrupte Praktiken haben die Spielregeln der Regierung geprägt.« Dank Bestechungsgeldern kann ein Parlamentsabgeordneter auf den Malediven Urlaub machen, der Polizeichef einen Mercedes fahren und der Gerichtspräsident sich eine Datscha an der Küste bauen lassen. In einer Gesellschaft, in der es fast unmöglich ist, ehrliche Geschäfte zu machen, hat fast jeder schmutzige Hände.

An der Spitze der korrupten Pyramide stehen die Oligarchen. Nach Angaben des Wirtschaftsmagazins *Forbes* verfügen die hundert reichsten Ukrainer im Jahr 2021 über 44,5 Milliarden Dollar – mehr als ein Viertel des ukrainischen Bruttoinlandsprodukts (195 Milliarden Dollar). Das Geschäftsmodell der Oligarchen ist nicht mit den Werten einer modernen Marktwirtschaft und eines liberalen, demokratischen Rechtsstaates vereinbar. Sie verdienen Geld, indem sie auf einem monopolisierten Markt überhöhte Gebühren verlangen, kaum Steuern zahlen oder in diffusen Unternehmensstrukturen kriminelles Geld waschen. Damit das so bleibt, haben sie ihren Einfluss auf große Teile der Regierung, des Parlaments, der Justiz und der Medien ausgedehnt. Manche Oligarchen besitzen mehrere Fernsehsender.

Im Sommer 2021 geht Selenskyj auf direkten Konfrontationskurs. Am 2. Juni legt der Präsident der Werchowna Rada ein Gesetz vor. Nach dem neuen Gesetz wird der RNBO ein Oligarchenregister einrichten, das auf einer Reihe von Kriterien beruht: Hat jemand eine Monopolstellung auf einem bestimmten Markt, verfügt er über ein Einkommen, das mindestens ein Millionenfaches des ukrainischen Existenzminimums von 83 Dollar pro Monat beträgt, hat er Einfluss auf die Medien, und ist er in der Politik aktiv? Oligarchen, die in das Register aufgenommen werden, müssen ihr Einkommen ebenso wie Regierungsbeamte angeben. Eingetragene Oligarchen dürfen keine politischen Parteien finanzieren oder sich an größeren Privatisierungen von Staatseigentum beteiligen. Um unerwünschten Einfluss einzudämmen, müssen Richter und Minister ihre Kontakte zu Oligarchen offenlegen. »Die Oligarchen sind Geschichte«, twittert Selenskyj am 2. Juli.

Ihor Kolomojskyj kündigt an, dass er bereit sei, in das Register aufgenommen zu werden. Das Unternehmen von Rinat Achmetow lässt verlautbaren, dass er kein Oligarch, sondern ein »Investor« sei. Nach der Verabschiedung des Gesetzes gibt Petro Poroschenko bekannt, dass er seine drei Fernsehsender Kanal 5, Kanal und Espresso verkauft habe. »Der Hauptgrund für die Einführung dieses ›Oligarchengesetzes‹ ist, die Kontrolle über die Medien zu erlangen«, sagt Poroschenko wütend.

Die deutsche Botschafterin in Kiew, Anka Feldhusen, spricht von einem »mutigen ersten Schritt«, nennt das neue Gesetz aber auch »vor allem symbolisch«. Nach Ansicht von Feldhusen ist es wichtiger, die Reformen im Justizwesen abzuschließen und die Antikorruptionsbehörden zu stärken. Langfristig sollte man den bestehenden Institutionen einfach mehr Befugnisse geben, sie müssten im Kampf gegen die Oligarchen stärker unterstützt werden.

Ruslan Rjaboschapka, der von Selenskyj entlassene Generalstaatsanwalt, nimmt eine zynische Analyse des Oligarchengesetzes vor. Der Anwalt hat die Gesetzesbegründung gelesen und fragt sich, ob das Gesetz den Bürgern nützt. Müssen die Oligarchen irgendetwas von ihrem gestohlenen Eigentum an den Staat abtreten? Rjaboschapka kann dazu nichts finden: »Es geht um den Präsidenten, um das Gremium, das er in der Tasche hat [RNBO], und um die Erweiterung seiner Befugnisse.«

Am 22. September nimmt Selenskyj in New York an der Generalversammlung der Vereinten Nationen teil. Um drei Uhr nachts wird er angerufen. In Kiew ist das Auto seines Geschäftspartners, Freundes und Beraters Serhij Schefir von Unbekannten beschossen worden. Schefir wurde nicht getroffen, aber sein Fahrer musste verletzt ins Krankenhaus gebracht werden. Ein Anschlag, so wird Selenskyj berichtet. In seinem Hotelzimmer nimmt Selenskyj ein kurzes Video auf. »Ich weiß nicht, wer dahintersteckt«, sagt Selenskyj, »aber mich mit Schüssen vom Waldrand auf das Auto meines Freundes zu begrüßen ist schwach. Die Antwort wird entschlossen sein.«

Im Lager von Selenskyj gibt es viele Spekulationen darüber, wer den Anschlag angeordnet hat. Der sanftmütige Schefir ist nicht als jemand bekannt, der Feinde hat – dies muss eine

Warnung an Selenskyj sein. Vielleicht kam der Auftrag von einem Mafiaboss oder einem Schmugglerkönig, der auf die Sanktionsliste gesetzt wurde. Vielleicht ist es eine Reaktion auf das Oligarchengesetz.

Die Täter werden nie gefunden. Innerhalb von zwei Wochen ist der Anschlag jedoch vergessen, und die Ukraine spricht über etwas ganz anderes: die Integrität von Präsident Selenskyj. Am 3. Oktober soll der Film *Offshore 95* im Theater »Die kleine Oper« in Kiew uraufgeführt werden. Es ist ein Dokumentarfilm, der auf den Pandora Papers basiert, über elf Millionen durchgesickerte Dokumente von finanziellen Dienstleistern. Das Internationale Netzwerk investigativer Journalisten begann am 3. Oktober mit der Veröffentlichung von Enthüllungen über die Offshore-Konten Hunderter Regierungsvertreter in aller Welt, darunter fünfunddreißig führende Politiker. In den 2,9 Terabyte vertraulichen Informationen spielt Wolodymyr Selenskyj eine wichtige Rolle. In *Offshore 95 – Präsident Selenskyjs geheime Geschäfte* berichten ukrainische Investigativjournalisten darüber.

Doch die Premiere wird in letzter Minute abgesagt. Der Direktor des Theaters rief einige Stunden vorher Journalisten an und teilte ihnen mit: »Wir werden den Film über den Präsidenten nicht zeigen.« Der Regisseur verschickte eine WhatsApp-Nachricht, in der er mitteilte, dass die Vorführung nicht stattfinden könne, weil das Theater renoviert werde und die Beleuchtung nicht funktioniere. Die Qualitätszeitung *Ukrainska Pravda* berichtet später, dass der Direktor von einem Mitarbeiter der SBU angerufen worden sei.

Die Absage der Premiere führt innerhalb weniger Stunden zu einem großen Skandal. Die Empörung ist so groß, dass der Film doch noch am selben Tag gezeigt wird.

Im Jahr 2019 wurde bereits aufgedeckt, dass Selenskyj auf Zypern Offshore-Konten unterhält. Recherchen von Slidstvo.info haben ergeben, dass der Komiker zusammen mit den Schefir-Brüdern und einem weiteren Mitarbeiter von Studio Kwartal 95 auch Firmen auf den Britischen Jungferninseln und in Belize besitzt. Im Mittelpunkt dieser komplizierten Unternehmensstruktur steht die bisher unbekannte Maltex Multicapital Corp., die auf den Jungferninseln registriert ist.

In den Unternehmen ist viel Geld im Spiel. Die Maltex Multicapital Corp. hat offenbar seit 2012 insgesamt 40 Millionen Dollar von Unternehmen erhalten, die Ihor Kolomojskyj gehören. Das Unternehmen scheint auch Wohnungen im Zentrum Londons im Wert von 7,5 Millionen Dollar zu besitzen. Kurz vor der Präsidentschaftswahl übertrug Selenskyj seine Anteile an der Maltex Multicapital Corp. auf Serhij Schefir.

Der Zweck dieser Offshores ist unklar. Kolomojskyj ist der Eigentümer des Senders 1+1, bei dem Studio Kwartal 95 unter Vertrag steht, aber warum sind die Zahlungen ins Ausland geflossen? Hat Selenskyj Steuern hinterzogen? Oder war das Studio Kwartal 95 an der Wäsche von kriminellem Geld für Kolomojskyjs PrivatBank beteiligt?

Die Journalisten von Slidstvo.info stellen der Präsidialverwaltung im Rahmen ihrer Gegendarstellung detaillierte Fragen, erhalten jedoch keine Antwort. Erst am 17. Oktober spricht Selenskyj das Thema in einem Interview an. »Zu Janukowytschs Zeiten haben alle ihre Geschäfte über die Grenze verlagert, vor allem die Fernsehbranche«, erklärt er. Laut Selenskyj wurde er damals »fast jeden Tag« von den Steuerbehörden aufgesucht – ein Zeichen dafür, dass die Regierung nach Verstößen suchte. Selenskyj bestreitet vehement jegliche Geldwäsche, weicht aber der Frage aus, ob er Steuern gezahlt habe.

Die Journalistin Olena Loginowa von Slidstvo.info legt den Finger in die Wunde. Aber warum gibt es diese Ableger noch? »Es bedeutet, dass Sie dem Land, in dem Sie Ihr Unternehmen aufgebaut haben und in dem Sie das Sagen haben, nicht trauen«, sagt die Journalistin am nächsten Tag. »Sie wollen etwas verbergen, und Sie haben einen Grund dafür.«

Am 27. Oktober gibt die Korruptionsaufsichtsbehörde NACP bekannt, dass sie Selenskyjs Geschäfte untersucht und nichts Illegales gefunden habe. Doch weniger als einen Monat später wird ein zweiter, schon länger zurückliegender Skandal aufgedeckt.

Im Juli 2020 waren dreiunddreißig Söldner – zweiunddreißig Russen und ein Belarusse – in einem Kurort nahe der belarussischen Hauptstadt Minsk festgenommen worden. Nach Ansicht des belarussischen Präsidenten Lukaschenko hatte Moskau die Männer geschickt, um sein Land im Vorfeld der Präsidentschaftswahl im August zu destabilisieren. Russische und ukrainische Medien meldeten jedoch schon bald, dass möglicherweise ukrainische Geheimdienste dahinterstecken könnten und Belarus gar nicht das eigentliche Ziel gewesen sei. Der ukrainische Journalist Jurij Butusow berichtete, dass diese Operation von SBU und GUR gescheitert sei, weil jemand aus Selenskyjs Umfeld etwas nach Moskau habe durchsickern lassen. Wassyl Burba, der Leiter des ukrainischen militärischen Geheimdienstes GUR, sei von Selenskyj entlassen worden. Die ukrainische Regierung bestreitet, etwas mit der Operation zu tun zu haben.

Das Thema wird in den ukrainischen Medien und der Gesellschaft heftig diskutiert, insbesondere nachdem Christo Grozev vom Recherchenetzwerk Bellingcat im Dezember 2020 angekündigt hat, einen Film darüber zu drehen. Würde es weitere

Enthüllungen geben? Gab es Verräter in Selenskyjs innerem Zirkel?

Der geplante Film wird zwar nicht gedreht, aber am 17. November 2021 veröffentlicht Bellingcat schließlich seine Untersuchung mit spektakulären Details über die »Wagnergate« genannte belarussische Affäre. In ihr wird dargelegt, dass die ukrainischen Geheimdienste SBU und GUR eine umfangreiche Operation geplant hatten, um Dutzende Mitglieder der russischen Söldnergruppe Wagner, die im Donbass gekämpft hatten, in die Falle zu locken und zu verhaften. Man hoffte, die Männer könnten in ihren Aussagen einiges über die Rolle Russlands in diesem Konflikt ans Licht bringen. Und dass manche vielleicht mehr über den Abschuss von MH17 zu berichten hätten.

Die Geheimdienste hatten Scheinfirmen gegründet, um Wagner-Leute für einen Job als hoch bezahlter »Wachdienst« in Venezuela anzuwerben. Der Plan sah vor, dass die Söldner auf dem Landweg von Russland nach Minsk fahren und von dort einen Flug nach Istanbul nehmen sollten, von wo aus es für sie angeblich nach Venezuela weitergehen sollte. Im ukrainischen Luftraum wäre die Maschine der Turkish Airlines dann zur Landung in Kiew gezwungen worden, wo die Söldner verhaftet werden sollten.

Der Plan war so leichtsinnig, dass er zwangsläufig schiefgehen musste. Die unmittelbare Ursache für das Scheitern war jedoch Präsident Selenskyj selbst. Einen Tag vor dem geplanten Abflug der Söldner aus Minsk beschloss der ukrainische Präsident, die Operation zu verschieben. Die Folge: Dreiunddreißig Wagner-Söldner warteten in einem Ferienpark auf ihren Flug und wurden dort wegen ihres »für russische Touristen untypischen Verhaltens« enttarnt. Zeugen hatten der belarussischen Polizei berichtet, dass sich dort durchtrainierte Männer in Militärkleidung aufhielten, die keinen Tropfen Alkohol tranken und selbst während des Discoabends in ihren Zimmern blieben. So kam es zur Festnahme im Juli 2020.

»Wagnergate« kommt zu einem besonders unglücklichen Zeitpunkt. Im Laufe des Jahres 2021 beginnt Russland, eine große Streitmacht an der ukrainischen Grenze zusammenzuziehen. Sowohl in Kiew als auch in den westlichen Hauptstädten wird offen über einen bevorstehenden Krieg gesprochen. Einige Ukrainer fragen sich laut, ob die Regierung Selenskyj in der Lage sei, der wachsenden russischen Bedrohung zu begegnen.

Um die Lage zu beruhigen, beschließt Selenskyj, am 26. November eine Pressekonferenz zu geben. Der Präsident erklärt, dass er die »Operation Wagner« wegen der enormen Risiken und der vielen offenen Fragen nicht habe genehmigen wollen. Zum Beispiel wegen der Gefahr, dass andere Passagiere an Bord des Flugzeugs hätten verletzt werden können. Auch wegen des internationalen Proteststurms infolge der Entführung eines türkischen Flugzeugs im ukrainischen Luftraum.

Die Journalisten sind damit nicht sofort zufrieden, sie stellen alle möglichen Fragen, und die Pressekonferenz dauert schon mehrere Stunden. Der Präsident wirkt erschöpft.

Wie hoch die Wahrscheinlichkeit eines großen Krieges mit Russland sei, möchte ein Reporter wissen. »Ich glaube, wir leben seit acht Jahren in einem Kriegszustand«, antwortet Selenskyj barsch. »Wir erhalten jeden Tag Informationen, auch von den Diensten der Partnerländer, die uns unterstützen.« Er fährt fort: »Wir haben sogar eine Tonaufnahme, auf der Ukrainer und Russen über die Beteiligung von Rinat Achmetow an einem Staatsstreich in der Ukraine sprechen.«

Die Journalisten fangen eilig an, WhatsApp-Nachrichten zu schreiben und zu twittern.

»Mehr kann ich Ihnen jetzt nicht sagen«, schließt Selenskyj. »Ich kann nur sagen, dass ich nicht Janukowytsch bin. Ich habe nicht die Absicht wegzulaufen.«

Kapitel 8

KRIEGSPRÄSIDENT

In Russland gibt es ein ehernes Gesetz: Wenn Regierungsstellen etwas Kompliziertes organisieren müssen, unterlaufen ihnen oftmals schwere Fehler. Solche Patzer werden in der russischen Umgangssprache als *fakap* (*fuck up*) bezeichnet.

Am 18. Februar 2022 stellen Denis Puschilin und Leonid Passitschnyk, die von Moskau ernannten Führer der separatistischen Volksrepubliken Donezk und Luhansk, eine Videoansprache online. Mit ernster Miene kündigen die beiden die Evakuierung der Zivilbevölkerung an. »Nachrichtendienstlichen Erkenntnissen zufolge plant der ukrainische Aggressor, in das Hinterland unserer Republik vorzudringen«, so Passitschnyk. »Um Massaker an der Zivilbevölkerung zu vermeiden, rufe ich alle Bürger auf, das Gebiet so bald wie möglich in Richtung Russische Föderation zu verlassen.« Das ist eine grobe Desinformation: Die Ukraine hat absolut nicht die Absicht, Donezk oder Luhansk anzugreifen. Als zivile Ermittler die Metadaten der Videodateien untersuchen, stellen sie fest, dass die Videos zwei Tage zuvor aufgenommen wurden – offenbar war die Gefahr des ukrainischen »Angriffs« weniger akut, als die Verantwortlichen glauben machen wollten.

Es gibt noch einen weiteren Fakap. Der ukrainische Aktivist Serhij Sternenko findet heraus, dass Passitschnyks Video aus einem Ordner mit einem verblüffenden Namen hochgeladen wurde: »Angriff des Mungos«.

Das klingt wie der Codename einer militärischen Operation. Ukrainische Journalisten erinnern sich an die Operation Mongoose, ein geheimes CIA-Programm aus den 1960er-Jahren zum Sturz des kubanischen Führers Fidel Castro. Andere fühlen sich an Rikki-Tikki-Tavi, den grauen Mungo aus Rudyard Kiplings *Dschungelbuch* erinnert. Präsident Putin hat wiederholt seine große Bewunderung für das Werk des britischen Autors bekundet und das *Dschungelbuch* bei öffentlichen Auftritten mehrfach zitiert.

Mungos sind so schnell und wendig, dass sie es mit der gefürchteten Kobra aufnehmen können. Sie verwenden Scheinangriffe, um die Schlange zu verwirren, bis sie ermüdet ist und ein leichtes Opfer. Dann schlagen sie blitzschnell zu.

Was plant Wladimir Putin? Im Frühjahr 2021 beginnt Russland mit der massiven Stationierung von Truppen und Ausrüstung an der ukrainischen Grenze. Der Westen reagiert mit Besorgnis: Der Generalsekretär der NATO, Jens Stoltenberg, ruft Selenskyj an. Am 22. April verkündet der russische Verteidigungsminister Sergej Schojgu, dass die »Übungen« abgeschlossen seien, aber nur ein kleiner Teil der Truppen abgezogen werde.

Im September üben mehrere Zehntausend russische Soldaten im Rahmen des alle vier Jahre stattfindenden Manövers Sapad (deutsch: Westen) in Belarus. Nach dessen Ende steigt die Zahl der Soldaten an der Grenze abermals an. Ende Januar 2022 werden neue »Übungen« in Belarus angekündigt, und russische Einheiten mit schwerem Gerät operieren weniger als 100 Kilometer nördlich von Kiew. Einen Monat später schätzen die Vereinigten Staaten, dass Russland 190 000 Soldaten an der ukrainischen Grenze zusammengezogen hat. In Washington, London und bei der NATO in Brüssel ist offen von einer Invasion die Rede.

Wladimir Putin hat die Hände frei für ein neues militärisches Abenteuer. Mitte 2020 hat die russische Bevölkerung in einem (stark manipulierten) Referendum einer Änderung der russischen Verfassung zugestimmt, die es Präsident Putin ermöglicht, für zwei weitere Amtszeiten bis 2036 im Amt zu bleiben. Im August 2020 vergifteten Agenten des Geheimdienstes FSB den Oppositionsführer Alexej Nawalny mit dem Nervengift Nowitschok. Nawalny fiel ins Koma, erholte sich aber wie durch ein Wunder, nachdem er in die Berliner Charité gebracht worden war. Als der Oppositionsführer im Januar 2021 nach Moskau zurückkehrt, wird er zum Entsetzen der ganzen Welt verhaftet und eingesperrt. Danach wird nicht nur seine Bewegung, sondern alles, was von der Opposition und den unabhängigen Medien in Russland übrig geblieben ist, systematisch unterdrückt. Zum Ende des Jahres wird sogar die international geachtete russische Menschenrechtsorganisation Memorial zwangsweise aufgelöst.

Wladimir Putin ist fast siebzig Jahre alt. In den vergangenen Jahren hat er sich immer weniger für die Innenpolitik interessiert. Der ehemalige KGB-Chef aus Sankt Petersburg spricht vor allem über Außenpolitik, Geopolitik und die russische Geschichte – das heißt, seine revisionistische Version der Geschichte. Einst nannte der russische Präsident den Zusammenbruch der Sowjetunion »die größte geopolitische Katastrophe des zwanzigsten Jahrhunderts«; Ende 2021 bezeichnet er das Ende des Sowjetimperiums als »den Zerfall des historischen Russlands«.

Will Putin dieses »historische Russland« wiederherstellen?

In letzter Zeit hat sich der Präsident zunehmend für Belarus engagiert. Ende der 1990er-Jahre schlossen Minsk und Moskau ein Rahmenabkommen über die weitreichende Reintegration der beiden Länder. Während der kranke Präsident Jelzin in Moskau regierte, sah sich der belarussische Präsident Alexandr Lukaschenko an der Spitze des neuen Unionsstaates Belarus-Russland. Seit Putins unerwartetem Amtsantritt im Jahr 2000 hat Lukaschenko jedoch bemerkenswert wenig Begeisterung für das Projekt gezeigt. In den ersten zwei Jahrzehnten seiner Präsidentschaft beließ Putin es dabei. Nun übt er Druck auf Belarus aus, endlich die weitere Zusammenführung der beiden Länder in Angriff zu nehmen. Lukaschenko hat sich dem Integrationsprozess stets so weit wie möglich widersetzt, aber die massiven Proteste im Jahr 2020 haben den Diktator schließlich in die Arme Moskaus getrieben.

Putin denkt auch an die Ukraine. Im Jahr 2021 veröffentlicht die Kreml-Website einen langen Aufsatz von Putin mit dem Titel »Über die historische Einheit von Russen und Ukrainern«. Es handelt sich um eine pseudohistorische Abhandlung mit einer imperialistischen Botschaft. In Putins Version der Geschichte ist Russland der einzige rechtmäßige Erbe der Kiewer Rus, und alle Ausdrucksformen der ukrainischen Sprache und Kultur sind das Ergebnis der Fremdherrschaft durch Polen, Litauen oder Österreich-Ungarn. Putin zufolge ist die Einheit der »großen russischen Nation« im Laufe der Jahrhunderte verloren gegangen. Ab 1917 verstärkten die sowjetischen Behörden diese Teilung noch, indem sie drei separate Republiken für Russen, Belarussen und Ukrainer gründeten.

Die heutige Ukraine ist in den Augen Putins eine Anomalie. In seinem Beitrag bezeichnet er das Land abschätzig als »antirussisches Projekt«, das vom Westen vorangetrieben werde. »Ich bin überzeugt, dass echte Souveränität für die Ukraine nur in Zusammenarbeit mit Russland möglich ist«, schreibt der Mann, der seit sieben Jahren einen heimlichen Krieg im Donbass führt. »Schließlich sind wir ein Volk.«

Während Russland die Welt mit Truppenbewegungen in Angst und Schrecken versetzt, scheint Präsident Putin plötzlich verhandlungsbereit zu sein. Im Dezember 2021 schlägt Moskau der NATO vor, einen neuen Vertrag über die Sicherheit in Europa zu schließen. Der Inhalt wird sofort auf der Website des russischen Außenministeriums veröffentlicht, was im diplomatischen Verkehr ungewöhnlich ist. Russland fordert eine Garantie, dass die Ukraine nicht Mitglied des Nordatlantischen Bündnisses wird, dass es in Zukunft keine NATO-Erweiterung geben wird und dass alle ausländischen NATO-Einheiten in den »neuen« Mitgliedstaaten in Osteuropa abgezogen werden müssen.

Insbesondere die letztgenannte Bedingung ist für die NATO inakzeptabel, sodass ernsthafte Verhandlungen zwischen den Parteien nicht zustande kommen. Die Ablehnung der russischen Vorschläge ist ein guter Grund für die russischen Staatsmedien, über die sogenannte NATO-Bedrohung in der Ukraine zu berichten. Russland, so der Subtext, müsse sich verteidigen.

Die russischen Invasionspläne liegen schon seit Langem in der Schublade. Es sind nicht die russischen Streitkräfte, die dies koordinieren, sondern der Geheimdienst FSB. In den letzten Jahren hat dessen Fünfte Abteilung von General Sergej Beseda Präsident Putin ausführlich über die politischen und gesellschaftlichen Entwicklungen in der Ukraine informiert. Der Bellingcat-Mitarbeiter Christo Grozev verfügt über unbestätigte Dokumente, aus denen hervorgeht, dass Russland Milliarden Dollar für den Aufbau eines Untergrundnetzwerks von Informanten und Kollaborateuren ausgegeben hat. Nach Angaben des britischen Thinktanks RUSI spielt der FSB im Dezember 2021 Kriegsszenarien durch, die von russischen Luftlandeeinheiten eingeleitet werden. Es wird geübt, wie russische Speznas (Spezialeinheiten) und Luftlandetruppen, die Vorhut der bevorstehenden Invasion, mit ukrainischen

Kollaborateuren in Kontakt treten können. Die Kollaborateure sollen helfen, wichtige Infrastrukturen schnell zu besetzen und ukrainische Verwaltungsbeamte, die Widerstand leisten, ausfindig zu machen und zu eliminieren.

Der russische Kriegsplan ähnelt sehr dem Kampf des grauen Mungos gegen die Kobra. Um Verwirrung zu stiften, werden russische Truppen von verschiedenen Seiten in die Ukraine eindringen. Gleichzeitig sollen Eliteeinheiten im Herzen von Kiew zuschlagen. Doch die russischen Pläne sind auf Treibsand gebaut. Christo Grozev sagt, er habe einige der Berichte der Fünften Abteilung des FSB gesehen. »Sie sind völlig wertlos«, erklärt der Investigativjournalist. »Sie sagten Putin, dass dies der richtige Zeitpunkt sei, um eine solche Operation durchzuführen. Die Ukraine wäre politisch instabil, niemand würde den Präsidenten unterstützen.« Auch Andrej Soldatow, ein Experte für russische Geheimdienste, bestätigt, dass der FSB dem russischen Präsidenten ein zu rosiges Bild vermittelt habe: »Sie haben geschrieben, was Putin lesen wollte.«

Die amerikanischen Geheimdienste vermuteten seit Langem, dass Putin nicht richtig über die realen Risiken einer Invasion informiert werde, berichtet die *Washington Post* am 29. Januar 2022. Ein anonymer Regierungsvertreter schilderte der Zeitung seine Überraschung über die russischen Kriegsvorbereitungen: »Wenn Sie mich fragen, ist die Idee, in die Ukraine einzumarschieren und sie zu besetzen, äußerst ambitioniert und ein wenig verrückt.«

Seit dem neuen Jahr lässt das Weiße Haus die Alarmglocken immer lauter schrillen. Während der Krise 2014 hatte Putin den Westen überrascht. Jetzt will die Regierung Biden die öffentliche Meinung gegen eine mögliche russische Invasion mobilisieren. Der US-Präsident macht deutlich, dass die Vereinigten Staaten nicht militärisch eingreifen würden, dass Putin aber mit beispiellos harten Sanktionen rechnen müsse, wenn er in die Ukraine einmarschiere. Um die skeptischen NATO-Partner zu überzeugen, ordnet Biden an, dass eine noch nie da gewesene Menge nachrichtendienstlicher Informationen an andere Länder weitergegeben werden soll. Amerikanische Medien berichten fast täglich über Hinweise auf einen russischen Angriff.

Am 26. Januar erklärt die stellvertretende US-Außenministerin Wendy Sherman sogar, sie rechne damit, dass die Invasion »bis Mitte Februar« stattfinden werde.

Am 27. Januar ruft Joe Biden Wolodymyr Selenskyj an. Am selben Tag berichtet ein amerikanischer Nachrichtensender, dass das Gespräch »nicht gut verlaufen« sei.

Selenskyj ist ebenfalls sehr besorgt, aber im Gegensatz zu Biden hält er es für unklug, dies öffentlich zu machen. Am Tag nach dem Telefongespräch mit Biden prangert Selenskyj die »undiplomatische« Sprache einiger westlicher Führer an: »Sie sagen unverblümt: Morgen wird es Krieg geben. Das kann zu einer Panik auf den Märkten und im Finanzsektor führen.« Wirtschaftliche Turbulenzen wären der perfekte Anlass für Moskau, einen gewaltsamen Umsturz zu inszenieren, so die Warnung ukrainischer Dienste. Die Mobilisierung der Streitkräfte wäre auch eine ideale Gelegenheit für Putin, die Invasion zu starten. Selenskyj will Putin diese Möglichkeit nicht geben. »Ich regiere das Land nicht wie im Film *Don't Look Up* [in dem die ganze Welt einen herannahenden Meteoriten ignoriert]«, sagt der Präsident vor der Presse. »Wir schauen nach oben. Wir wissen, was vor sich geht, denn wir sind seit acht Jahren in dieser Situation.«

Im Hintergrund bereitet sich Selenskyj jedoch auf den Krieg vor. Ein Team amerikanischer Experten hat die ukrainischen Streitkräfte bei der Verlegung der Flugabwehrsysteme beraten, damit diese nicht beim ersten russischen Angriff zerstört werden. Kiew bittet den Westen um Waffen, und bekommt sie auch. Auf dem Flughafen Boryspil werden täglich Paletten mit britischen und amerikanischen Panzerabwehrraketen aus Militärtransportern verladen.

In Selenskyjs Sicherheitsrat herrscht die Meinung vor, dass sich eine russische Invasion auf die russischsprachigen Regionen des Landes konzentrieren wird: Charkiw und den Donbass im Osten, Cherson im Süden. »Das Einzige, womit wir nicht gerechnet hatten, waren die Angriffe aus Belarus«, erinnert sich Oleksij Danilow, der Sekretär des RNBO, später. »Wir haben zwar darüber gesprochen, sind aber letztlich zu einem anderen Schluss gekommen.«

Ende Februar nimmt die Spannung weiter zu.

Am 21. Februar erklärt Putin, dass die Russische Föderation die Volksrepubliken Donezk und Luhansk als »unabhängige Staaten« anerkenne. Der russische Präsident kündigt sofort an, dass russische »Friedenstruppen« in die beiden abtrünnigen Gebiete entsandt werden würden.

Nach Angaben des britischen Thinktanks RUSI erhalten die Kommandeure der russischen Luftlandebrigaden noch am selben Tag den Befehl zu einer spektakulären Luftlandeoperation auf dem Flugplatz von Hostomel, einem Vorort von Kiew, etwa dreißig Kilometer vom Präsidentenpalast Selenskyjs entfernt. Die russischen Offiziere kommunizieren über Telefon miteinander, was den westlichen Spionagediensten nicht entgeht. Am 23. Februar schreibt *Newsweek*, dass Washington Selenskyj erneut gewarnt habe: Die Invasion könnte innerhalb von 48 Stunden beginnen.

Der polnische Präsident Andrzej Duda hält sich am selben Tag zu einem Treffen mit Selenskyj in Kiew auf. Der ukrainische Präsident sei sich sicher gewesen, dass sein Land innerhalb weniger Stunden angegriffen werde, erinnert sich Duda. »Die

Russen glauben, dass wir nicht kämpfen werden«, sagt Selenskyj, »aber sie irren sich.« Am Ende des Gesprächs sagt er: »Andrzej, vielleicht ist es das letzte Mal, dass wir uns sehen.«

Am selben Tag berät sich Selenskyj mit den Fraktionsvorsitzenden aller Parteien in der Werchowna Rada. Das ukrainische Parlament beschließt daraufhin die Verhängung des Ausnahmezustands, der die Regierung mit außerordentlichen Befugnissen ausstattet. Kurz vor Mitternacht erklärt ein sichtlich erschöpfter Selenskyj die Entscheidung. Plötzlich wechselt er ins Russische: »Heute habe ich versucht, den Präsidenten der Russischen Föderation anzurufen. Das Ergebnis war Schweigen.« Dann wendet er sich an die russischen Bürger: »Wir mögen unterschiedlicher Meinung sein, aber das ist kein Grund, sich gegenseitig zu Feinden zu erklären. Hören Sie auf uns, das ukrainische Volk will Frieden.«

In dieser Nacht, kurz nach halb fünf, wacht Olena Selenska durch Explosionen in der Ferne auf. Das Bett neben ihr ist leer: Als sie aufsteht, sieht sie, dass ihr Mann bereits angezogen ist – zum letzten Mal mit Anzug und Krawatte. »Es hat begonnen«, sagt Selenskyj zu seiner Frau. Er fügt hinzu, dass sie einige Sachen packen muss: Kleidung, Pässe. Und dass sie Sascha (17) und Kyrylo (9) erklären muss, dass Krieg ist. Dann steigt er in seinen Dienstwagen.

Als Andrij Jermak, der Leiter des Präsidialstabs, kurz vor sechs Uhr im Präsidentenpalast in der Bankowa-Straße im Zentrum von Kiew eintrifft, ist Selenskyj bereits da. Jermak und Selenskyj haben sich in den letzten Monaten intensiv auf den Krieg vorbereitet, aber beide Männer konnten bis zum letzten Moment nicht glauben, dass es so weit kommen würde. Jetzt ist die Invasion eine Tatsache.

Nach einer ersten Salve von Marschflugkörpern überqueren russische Truppen die ukrainische Landgrenze von allen Seiten:

im Süden, im Nordosten und von Belarus aus in Richtung des stillgelegten Kernkraftwerks Tschernobyl, auf dem Weg nach Kiew.

Eine Stunde später wendet sich Präsident Putin an die Nation. Aufgrund der eskalierenden Gewalt im Donbass sei ein Eingreifen unumgänglich geworden, so der Präsident. »Ich habe beschlossen, eine besondere Militäroperation einzuleiten.« Das Ziel ist laut Putin die »Entmilitarisierung« und »Entnazifizierung« der Ukraine und die »Übergabe der Ukrainer an die Justiz«, die Kriegsverbrechen gegen die Bevölkerung in Donezk und Luhansk begangen haben. Damit macht Putin deutlich, worauf er aus ist: einen Regimewechsel in Kiew.

Sobald es hell wird, setzen vierunddreißig russische Hubschrauber Hunderte Soldaten auf dem Flugplatz Hostomel am nordwestlichen Stadtrand der Hauptstadt ab. Sobald die Elitesoldaten den Flugplatz erobert haben, soll Verstärkung für einen Überraschungsangriff auf Kiew eingeflogen werden. Doch die Ukrainer sind gewarnt: Rund um den Flughafen kommt es zu schweren Kämpfen. Dennoch rücken am nächsten Tag kleine Gruppen russischer Soldaten in das Zentrum vor und machen Jagd auf Selenskyj.

Parlamentspräsident Ruslan Stefantschuk (der im Oktober 2021 die Nachfolge von Rasumkow antrat) trifft am frühen Morgen in der Bankowa-Straße ein, um mit Selenskyj zu sprechen. »Er zeigte keine Angst«, sagt er später dem US-Nachrichtenmagazin *Time*. »Er war nur verwirrt: Wie konnte das passieren?« Selenskyjs Mitarbeiter seien weniger ruhig gewesen, sagt Stefantschuk. »Wir hatten das Gefühl, dass die Welt zusammenstürzt.«

Stefantschuk eilt zur Rada, um das Parlament zur Verhängung des Kriegsrechts zu bewegen. Später an diesem Tag kommen Olena und die Kinder zu Selenskyj. Aber der Präsidentenpalast ist kein sicherer Ort. Im Zentrum von Kiew treiben sich russische

Attentäter herum, die den Präsidenten töten wollen. Bei Einbruch der Dunkelheit kommt es zu Schießereien rund um den Präsidentenpalast. Selenskyjs Leibwächter löschen sämtliche Lichter und verteilen kugelsichere Westen und Waffen an das gesamte Personal. Die meisten Mitarbeiter hätten noch nie eine Kalaschnikow aus der Nähe gesehen, erzählt der Präsidentenberater Oleksij Arestowytsch *Time*. »Es war wie im Tollhaus.« Nach Angaben von Arestowytsch versuchen die Russen in dieser Nacht zweimal, den Präsidentenpalast zu stürmen.

Während die Soldaten Fenster und Türen mit allem, was sie finden können, verbarrikadieren, telefoniert Selenskyj. Washington und London geben die neuesten Informationen weiter. Es sei nicht sicher in Kiew, sagen die Briten und die Amerikaner. Wenn er wolle, würden sie ihn evakuieren, bieten sie an. Selenskyj weist den Vorschlag zurück: »Ich brauche Munition, keine Mitfahrgelegenheit.« Selenskyj weigert sich auch, in einen speziellen Sicherheitsbunker in der Nähe von Kiew zu gehen. In der Zwischenzeit bereiten sich hundert tschetschenische Kämpfer außerhalb Kiews auf einen direkten Angriff auf den Präsidentenpalast vor. Im Zentrum werden Schüsse abgefeuert: Die ukrainischen Sicherheitskräfte sind auf der Suche nach Saboteuren und Söldnern.

Selenskyj erkennt, dass er auf seinem Posten bleiben muss. Vor dem Ausbruch des Krieges hat er die Kriegsgefahr für die ukrainische Bevölkerung bewusst heruntergespielt. Jetzt, da die Russen vor den Toren stehen, droht Panik. In Kiew gibt es lange Schlangen vor den Geldautomaten, und der Verkehr auf den Ausfallstraßen kommt zum Erliegen. In einem Versuch, die Situation weiter zu destabilisieren, wendet sich Putin am nächsten Tag in einer Fernsehansprache an die ukrainischen Streitkräfte. Die Selenskyj-Regierung sei nichts weiter als eine »Bande von Drogenabhängigen und Neonazis«, sagt Putin. »Nehmen Sie die

Macht in Ihre Hände.« Russische Medien verbreiten das Gerücht, dass Präsident Selenskyj nirgends zu finden sei.

Selenskyj weiß, dass er sich der Nation zeigen muss. Am Abend des 25. Februar schleicht er sich zusammen mit seinen engsten Vertrauten – Ministerpräsident Denys Schmyhal, Berater Mychajlo Podoljak, Stabschef Andrij Jermak und dem Fraktionsvorsitzenden Dawyd Arachamija – nach draußen. Die in Armeegrün gekleideten Männer stehen vor dem Präsidentenpalast. Selenskyj filmt mit seinem Handy im Licht der Straßenlaternen. »Der Präsident steht hier«, sagt Selenskyj. »Unsere Soldaten stehen hier, zusammen mit unserer gesamten Gesellschaft. Wir verteidigen unsere Unabhängigkeit, unsere Nation. Es lebe die Ukraine!«

Wolodymyr Selenskyj ist vierundvierzig Jahre alt. Als er vor drei Jahren für das Präsidentenamt kandidierte, versprach er, die politische Elite zu stürzen, die Korruption zu bekämpfen und die Ukraine zu einem modernen und wohlhabenden Land zu machen – die Ukraine, von der er träumte. Es bleibt nun abzuwarten, ob die Ukraine als unabhängiges Land überleben wird.

Westliche Militärexperten geben der Ukraine höchstens ein paar Tage Zeit, um dem Angriff der russischen Armee, der zweitstärksten Armee der Welt, standzuhalten. Aber die Ukrainer schlagen entschlossen zurück. Der Konvoi der tschetschenischen Kämpfer wird in Schutt und Asche gelegt, bevor er die Hauptstadt erreichen kann.

Bereits in den ersten Tagen des Krieges gerät der russische Vormarsch auf Kiew in Schwierigkeiten. In dem bewaldeten und sumpfigen Gelände nördlich der Stadt können die schweren Panzer nur schwer manövrieren, und so rücken die T-72 in langen Kolonnen auf schmalen asphaltierten Straßen vor. Sie sind daher ein leichtes Ziel für kleine Gruppen ukrainischer Soldaten mit Panzerabwehrraketen. Innerhalb von zwei Tagen blockieren brennende russische Fahrzeuge die Ausfallstraßen von Kiew und verursachen lange Staus, die von ukrainischer Artillerie beschossen werden. Die Russen wissen nicht, wo die ukrainischen Linien verlaufen, aber Kiew weiß genau, wo sich die Russen aufhalten – dank der ständigen Informationen aus den USA.

Nach Ansicht des FSB ist die politische Elite der Ukraine gespalten. Ein harter Schlag sollte ausreichen, um die Regierung davonzujagen und die Armee zur Kapitulation zu zwingen. Doch das Gegenteil ist der Fall. Am ersten Tag des Krieges besucht der ehemalige Präsident Petro Poroschenko Selenskyj. Es ist ein Treffen von Feinden. Seit Selenskyjs Amtsantritt sind gegen Poroschenko Dutzende Strafverfahren anhängig; im Januar forderte die Staatsanwaltschaft, den ehemaligen Präsidenten wegen »Hochverrats« in Untersuchungshaft zu nehmen. Aber jetzt hat das Land Vorrang. »Ich habe gesagt: ›Wir haben einen Feind, wir müssen gemeinsam handeln‹«, erzählt Poroschenko. »Danach gaben wir uns die Hand.«

Selenskyj gibt den Parteiführern in der Rada die Erlaubnis, ihre Anhänger zum Widerstand gegen die Russen zu mobilisieren. Innerhalb weniger Tage werden allein in Kiew Zehntausende Kalaschnikows verteilt. Gewöhnliche Ukrainer ohne jegliche militärische Erfahrung stehen stundenlang Schlange, um ein Gewehr zu ergattern.

Auch der Westen tritt geschlossen auf. Sowohl die Vereinigten Staaten als auch die Europäische Union haben Sanktionen gegen Russland angekündigt, die kaum jemand für möglich gehalten hätte. Am 26. Februar schneidet der Westen russische Banken vom globalen Zahlungssystem SWIFT ab. Analysten haben diese weitreichende Maßnahme bereits als »nukleare Option« bezeichnet, aber die westlichen Länder sind bereit, noch weiter zu gehen: Hunderte Milliarden Devisenreserven der russischen Zentralbank werden im Ausland eingefroren.

Noch schwerwiegender für die russische Wirtschaft ist der Umstand, dass ein westliches Unternehmen nach dem anderen seinen Rückzug aus Russland ankündigt: vom französischen Automobilhersteller Renault bis zum amerikanischen Pharmaunternehmen Johnson & Johnson. Die berühmte McDonald's-Filiale am Puschkin-Platz in Moskau, die 1990 eröffnet wurde, wird ebenfalls geschlossen.

Selenskyj spielt eine zentrale Rolle bei der Mobilisierung der internationalen Gemeinschaft. Der ukrainische Präsident wendet sich über eine Videoverbindung an die Parlamente in aller Welt. Er trägt immer ein armeegrünes T-Shirt, das seinen inzwischen beeindruckenden Bizeps zur Geltung bringt. Er schreibt die Texte seiner Reden selbst – es gibt keinen besseren Autor in der Ukraine.

Selenskyj ist der erste ausländische Regierungschef, der vor der Zweiten Kammer des niederländischen Parlaments spricht; in Oslo ist er der Nachfolger von Winston Churchill, der 1948 vor dem Storting, dem norwegischen Parlament, sprach. Der ukrainische Präsident versteht es immer, den richtigen Ton zu finden. Er erzählt dem italienischen Parlament, dass die Ukrainer wegen des Kriegsgeschehens keine Fotos mehr von ihren lachenden Kindern machen könnten, und erinnert indonesische Volksvertreter an den niederländischen Kolonialismus. Vor dem spanischen Parlament spricht er über Guernica, vor dem amerikanischen Kongress zieht er einen Vergleich zwischen der russischen Invasion und dem japanischen Angriff auf Pearl Harbor 1941. »Wir haben unsere Stärke bewiesen«, sagt Selenskyj am 1. März vor dem Europäischen Parlament. »Beweisen Sie jetzt, dass Sie zu uns stehen, dass Sie uns nicht im Stich lassen, beweisen Sie, dass Sie echte Europäer sind. Dann wird das Leben triumphieren, und das Licht wird über die Dunkelheit siegen.« Die Welt ist beeindruckt von dem kleinen, charismatischen Präsidenten, der sich angesichts der brutalen russischen Kriegsmaschinerie furchtlos zeigt.

Aber Selenskyj kann unhöflich sein. Der Präsident ist nie zufrieden. Die westlichen Länder müssten mehr Waffen liefern und noch schärfere Sanktionen verhängen. Als sich die NATO Anfang März weigert, eine Flugverbotszone über der Ukraine einzurichten – was zu einer direkten militärischen Konfrontation mit Russland hätte führen können –, reagiert Selenskyj emotional: »All die Menschen, die heute sterben, sterben Ihretwegen, wegen Ihrer Wankelmütigkeit«, sagt der Präsident in seiner täglichen Videoansprache. »Ich bin nicht mehr an Ihrer Diplomatie interessiert«, sagt er im April gegenüber *CBS News*. »Die führt zur Zerstörung meines Landes.«

Am 11. März 2022, der Krieg dauert etwas mehr als zwei Wochen an, berichtet der Geheimdienstexperte Andrej Soldatow, dass der FSB-General Sergej Beseda und sein Stellvertreter wegen Misswirtschaft und schlechter Informationen unter Hausarrest gestellt worden seien. »Es scheint, dass Putin endlich verstanden hat, dass seine Vertrauten ihn an den Abgrund geführt haben«, schreibt Soldatow. Bellingcat-Rechercheur Christo Grozev berichtet, dass mindestens 150 FSB-Beamte aus ihren Ämtern entfernt worden seien. Russische Panzer stehen in Irpin, nordwestlich von Kiew, und in Browary, einem östlich gelegenen Vorort. Doch eine Einkesselung der Hauptstadt scheint bereits unmöglich.

Putins Blitzkrieg ist gescheitert, und so wird der Krieg immer mörderischer. Vom ersten Tag an hat Russland keinen Unterschied zwischen militärischen Zielen und der ukrainischen Zivilbevölkerung gemacht. Charkiw, an der Grenze zu Russland, steht unter massivem Artilleriebeschuss. Die Industriestadt Mariupol am Asowschen Meer wird systematisch in Schutt und Asche gelegt. Überall begehen russische Soldaten

Plünderungen, Vergewaltigungen und Morde. In Butscha, vor den Toren Kiews, werden Hunderte Zivilisten getötet. Ende März berichtet Generalstaatsanwältin Iryna Wenediktowa, dass die ukrainische Staatsanwaltschaft inzwischen 2500 mögliche russische Kriegsverbrechen registriert habe.

Selenskyj leidet mit seinem Volk. Der ukrainische Präsident hat die grausamen Bilder aus Butscha gesehen. »Ich beobachte alles«, sagt Selenskyj in einem Interview mit der australischen Fernsehsendung *60 Minutes*. »Nicht nur weil ich wissen möchte, was vor sich geht, sondern weil ich mit den Opfern mitfühlen möchte.« Selenskyj ist es nicht peinlich, über seine Gefühle zu sprechen, wenn er die Fotos der Leichen sieht. »Ich fühle Hass, ich will mich rächen«, sagt er. »Aber wenn die erste Emotion vorbei ist, macht der Hass dem Unverständnis Platz. Wie kann man Menschen nur so behandeln?«

Selenskyjs Umfeld versucht, ihn zu unterstützen. Olena und die Kinder wurden inzwischen in Sicherheit gebracht, die Familie benutzt ein spezielles Satellitentelefon, um während des Essens zu telefonieren. Jeder versuche, Witze zu machen, sagt Olena.

Auch die Kollegen von Kwartal 95 wollen Selenskyj aufmuntern. Olena Krawez schickt ein Meme von Chuck Norris, dem amerikanischen Kampfsporthelden, der es wirklich mit jedem aufnehmen kann. Norris ruft den Präsidenten der Ukraine an:

»Wolodymyr? Hier ist Chuck.«

Selenskyj: »Wie kann ich Ihnen helfen, Chuck?«

Selenskyj nimmt fast jeden Tag eine Videoansprache auf, um die Ukrainer wissen zu lassen, dass er noch da ist. Gelegentlich zeigt er sein komödiantisches Talent, etwa am 6. März, als das russische Staatsfernsehen ein Gespräch zwischen Putin und Stewardessen der Aeroflot überträgt. Für aufmerksame

Zuschauer ist deutlich zu erkennen, dass das Treffen zwischen dem russischen Präsidenten und den jungen Frauen nicht wirklich stattgefunden hat. Putins rechte Hand gleitet durch das Mikrofon auf dem Tisch, als gehörte sie zu einem Geist. Selenskyj macht sich darüber lustig. »Es lebe die Ukraine«, sagt der Präsident nach einer Rede, während er das Mikrofon mit Nachdruck mit seiner Hand nach links schiebt.

Nach einem Monat der Kämpfe erkennt Putin, dass die ukrainische Hauptstadt unerreichbar ist. Am 29. März gibt der stellvertretende Verteidigungsminister Alexandr Fomin bekannt, Russland habe beschlossen, dass die »militärischen Aktivitäten in Richtung Kiew und Tschernihiw stark reduziert werden«. Am nächsten Tag verkündet Moskau ein neues Kriegsziel: »Abschluss der Operation zur vollständigen Befreiung des Donbass«. Die besiegten russischen Truppen ziehen sich vollständig aus der Nordukraine zurück. Nach Angaben des ukrainischen Generalstabs hat die russische Armee fast 17 000 Tote zu beklagen. Washington schätzt, dass bereits mehr als 10 000 Russen ums Leben gekommen sind. »Leider haben die Russen noch nicht ganz begriffen, wie robust die ukrainische Armee ist«, kommentiert Victoria Nuland, Staatssekretärin im US-Außenministerium.

Mit der Verlagerung der russischen Operationen in den Osten beginnt eine neue Phase des Konflikts. Der Krieg im Donbass entwickelt sich zu einem Zermürbungskrieg mit hohen Verlusten auf beiden Seiten. »Die Lage ist ernst«, sagt Selenskyj Ende Mai. »Jeden Tag sterben sechzig bis hundert Soldaten bei den Kämpfen.« Aber die Ukraine hält durch. Das Überleben der Nation scheint nicht mehr gefährdet zu sein.

Wladimir Putin habe Selenskyj unterschätzt, sagt Oleksandr Rodnjanskyj, der Gründer des ukrainischen Fernsehsenders 1+1. In einem Interview mit der BBC erinnert sich der TV-Chef an die jahrelange Zusammenarbeit mit dem ehemaligen Comedian und Schauspieler. »Damals hatte ich es mit einem sehr talentierten Menschen zu tun«, sagt Rodnjanskyj. »Aber ich sah auch eine sehr starke Persönlichkeit. Der Kreml hat seine Hausaufgaben nicht gemacht: Sie haben nicht erkannt, wie mutig er ist.«

Die Ukraine sollte sich glücklich schätzen, dass jemand wie Selenskyj das Land durch den Krieg führt, meint Rodnjanskyj. »Dieser Mann ist kein Feigling, er ist kein Dieb, er ist keine Kompromisse eingegangen, er ist nicht geflohen, und er hat sich nicht ergeben. Er kämpft.«

Selenskyjs ehemalige Kollegen bei Kwartal 95 sind stolz auf ihren früheren Leiter und Freund. »Er stand immer für die Wahrheit, egal was er sagte«, sagt Jewhen Koschowyj. »Daran haben wir immer geglaubt. Jetzt ist er noch überzeugender geworden, weil er weiß, dass die ganze Ukraine hinter ihm steht.«

Am 3. Juni 2022, dem hundertsten Tag des Krieges, drehen Selenskyj und seine engsten Mitarbeiter erneut ein kurzes Video vor dem Präsidentenpalast in der Bankowa-Straße – nicht bei Nacht, sondern bei Tageslicht. Kiew ist jetzt so sicher, dass westliche Diplomaten in ihre Botschaften zurückgekehrt sind. Es ist ein heller Morgen, die ersten Latte macchiato werden auf den Cafétischen im Zentrum serviert.

Selenskyj hat das Armeegrün gegen ein dunkelblaues T-Shirt getauscht, der Fraktionsvorsitzende Arachamia trägt ein blaues Polohemd, Berater Podoljak ein adrettes Oberhemd. Im Hintergrund singen die Vögel.

»Der Präsident ist hier«, sagt Selenskyj. »Unsere Soldaten sind hier. Und was am wichtigsten ist: Unser Volk ist hier. Wir verteidigen die Ukraine schon seit hundert Tagen.«

Ein triumphierendes Lächeln erscheint auf seinem Gesicht: »Der Sieg ist unser.«

NACHBEMERKUNG

Dieses Buch stützt sich auf viele Hundert Quellen in Ukrainisch, Russisch und anderen Sprachen: Literatur, Zeitungsartikel, Originalberichte von Nachrichtenagenturen und Interviews. Selenskyj war bereits ein Superstar, bevor er Präsident wurde; daher gibt es unzählige Stunden an Videomaterial über sein Leben und seine Arbeit. Die Autoren dieses Buches haben viel Zeit damit verbracht, dieses mitunter rohe Quellenmaterial zu sichten, und zahlreiche Zitate sind daraus entnommen.

In einigen Fällen haben sich die Autoren auf Steven Derix' Arbeit als Korrespondent in Moskau und der Ukraine für nrc und seine Berichterstattung über den MH17-Prozess gestützt. Eine Suche in archivierten Websites ergab viele Perlen, wie die Fanseiten von Kwartal 95 aus den 1990er-Jahren.

Bei der Transkription der kyrillischen Schrift in lesbares Niederländisch haben die Autoren dankenswerterweise die ausgezeichnete Website transcriptor.nl genutzt, eine Initiative der Radboud-Universität Nijmegen, der Nederlandse Taalunie und des Instituut voor de Nederlandse Taal.

Bei der Übersetzung und den Zitaten haben sich die Autoren im Interesse der Lesbarkeit einige Freiheiten genommen. So wurden beispielsweise Teile von Zitaten manchmal zusammengefasst, ohne dass extra darauf hingewiesen wird. Dabei haben die Autoren stets darauf geachtet, das Wesentliche des Gesagten nicht zu verfälschen.

Diese Biografie ist keine wissenschaftliche Publikation und enthält daher auch kein Anmerkungsverzeichnis. Es ist jedoch ein umfangreiches Literatur- und Quellenverzeichnis hinzugefügt.

LITERATURVERZEICHNIS

Niederländische Quellen
 Bezemer, J.W. & Jansen, Marc, »Een geschiedenis van Rusland« (Amsterdam 2015).
 Derix, Steven, verschiedene Artikel, NRC Handelsblad (2014 – 2022).
 Jansen, Marc, Grensland, »Een geschiedenis van Oekraine« (Amsterdam 2014).
 Interview met president Zelensky, Nieuwsuur (27. Mai 2022).

Englischsprachige Quellen
 Amanpour, Christiane & Lyons, Emmet, »The number one target is all of us«, CNN (13. April 2022).
 Applebaum, Anne & Goldberg, Jeffrey, »Liberation without victory«, The Atlantic (15. April 2022).
 Barnes, Julian E. & Cooper, Helene, »U.S. Battles Putin by Disclosing His Next Possible Moves«, New York Times (13. Februar 2022).
 Barnes, Julian E. et al, »U.S. Intelligence Is Helping Ukraine Kill Russian Generals«, New York Times (4. Mai 2022).
 »Biden declassified Russia intel due to allied ›skepticism‹, U.S. spy chief says«, CNN (6. Juni 2022).
 Bo Lillis, Katie & Liptak, Kevin, »U.S. officials say Russia has list of senior Ukrainian officials it would remove if it invades«, cnn (18. Februar 2022).
 Brennan, David u.a., »Exclusive: U.S. Warns Ukraine of Full-Scale Russian Invasion Within 48 Hours«, Newsweek (23. Februar 2022).
 Chance, Matthew & Herb, Jeremy, »Ukrainian official tells cnn Biden's call with Ukrainian President ›did not go well‹ but White House disputes account«, CNN, (28. Januar 2022).
 Corruption Perceptions Index, Transparency International (2019)
 Detsch, Jack u. a., »Russia Planning Post-Invasion Arrest and Assassination Campaign in Ukraine, U.S. Officials Say«, Foreign Policy (18. Februar 2022).

Devan, Cole, »Zelensky: ›I'm ready for negotiations with Putin, but if they fail, it could mean ›a third World War‹‹‹, CNN (20. März 2022).

EU Anti-Corruption Initiative in Ukraine, »Constitutional crisis: a year later« (27. Oktober 2021).

»Exclusive interview with Ukraine President Volodymyr Zelensky«, 60 Minutes Australia, Nine Network (1. Mai 2022).

Gorchinskaya, Katya, »A brief history of corruption in Ukraine: the Yanukovych era« Eurasianet (3. Juni 2020).

Halifax International Security Forum, »Halifax Chat: President Petro Poroshenko« (2019).

Harris, Shane et al, ›U.S. and allies debate the intelligence on how quickly Putin will order an invasion of Ukraine – or whether he will at all‹, The Washington Post (29. Januar 2022).

Horovitz, David, »A serious man: Zelensky bids to address Ukraine's dark past, brighten its future«, The Times of Israel (19. Januar 2020).

»How Russia's mistakes and Ukrainian resistance altered Putin's war«, Financial Times (18. März 2022).

Lee Matthew & Merchant, Nomaan, »American spy agencies review their misses on Ukraine, Russia«, Associated Press News (4. Juni 2022).

Loginova, Elena, »Pandora Papers Reveal Offshore Holdings of Ukrainian President and his Inner Circle«, Organized Crime and Corruption Reporting Project (3. Oktober 2021).

Osborn, Andrew & Ostroukh, Andrey, »Putin rues Soviet collapse as demise of ›historical Russia‹‹‹, Reuters (12. Dezember 2021).

Pelley, Scott, »The wartime president: Ukrainian President Volodymyr Zelensky speaks with Scott Pelley in Kyiv«, *60 Minutes,* CBS News (10. April 2022).

Reynolds, Nick & Watling, Jack, »The Plot to Destroy Ukraine« (5. Februar 2022).

Reynolds, Nick & Watling, Jack, »Operation Z: The Death Throes of an Imperial Delusion«, Royal United Services Institut (22. April 2022).

Roth Andrew & Walker Shaun, »Volodymyr Zelenskiy: ›My White House invitation? I was told it's being prepared‹‹‹, The Guardian (7. März 2020).

Shuster, Simon, »Inside Zelensky's World«, Time (28. April 2022).

Shuster, Simon, »›I'm Not Afraid of the Impeachment Questions‹: How Ukrainian President Volodymyr Zelensky Is Navigating His Role in the World's Biggest Political Drama«, Time (5. Dezember 2019).

Singhvi, Anjali et al, »How Kyiv Has Withstood Russia's Attacks«, New York Times (2. April 2022).
Sonne, Paul, »Russian troop movements near Ukraine border prompt concern in U.S., Europe«, *The Washington Post* (30. Oktober 2021).
Tapper, Jack, »Interview with President of Ukraine Volodymyr Zelensky«, CNN (17. April 2022).
Terterov, Marat, »Doing Business with Ukraine« (dritte Auflage), Global Market Briefings Series (2004).
Trofimov, Yaroslav, »Ukraine's Special Forces Hold Off Russian Offensive on Kyiv's Front Lines«, *Wall Street Journal* (4. März 2022).
Waal, Thomas de, »Fighting a Culture of Corruption in Ukraine«, Carnegie Europe (18. Dezember 2016).
»White House says Ukrainian President Zelensky is ›downplaying the risk of invasion‹«, Fox News (29. Januar 2022).
»Why is reform hard in Ukraine?«, Atlantic Council, online meeting, YouTube (5. November 2020).
World Economic Forum, The Global Competitiveness Report (2019).
Jekelchyk, Serhy, »Ukraine: Birth of a Modern Nation« (2007); zweite Auflage (2015-2020).
Zentrum Liberale Moderne, »Sanctions against Viktor Medvedchuk and his allies« (2. März 2021).

Polnischsprachige Quellen
Czupryn, Anita et al, »Andrzej Duda w wywiadzie dla ›Polski Times‹: ›Ważne byśmy się liczyli na arenie Międzynarodowej‹«, Polski Times (19. Mai 2022).

Ukrainischsprachige Quellen
'100 найбагатших українців 2021', Forbes (6. Мai 2021).
'100 днів президента Володимира Зеленського', 1+1 (31 August 2019).
Antrim, Taylor, 'Перша леді України – про війну, яка змінила світ, і світ, який може пришвидшити перемогу', Vogue Ukraine (8. April 2022).
Kundra, Ondřej & Brolik, Tomaš, «Зло не абсолютне, добро переможе. Ексклюзивне інтерв'ю з першою леді України Оленою Зеленською', Respekt (19. April 2022).
Акція протесту під стінами КСУ', 24 Канал (30. Oktober 2020).

'Арсен Аваков вперше і відверто після відставки', Україна (4. November 2022).

Алеканкіна, Ксенія & Тищук, Тетяна, 'Промайнув як мить: що встиг уряд Гончарука за півроку?', Вокс Україна (5. März 2020).

Андрейковець, Костя, 'СБУ підтвердили, що встановили прослуховуваня біля офісу Зеленського. Вони заявляють, що за ним не стежать', Бабель (4. März 2019).

Андрейковець, Костя, 'Ми не працюємо в Росії». Зеленський відповів «Схемам» та «про всяк випадок вибачився', Бабель (8. Januar 2019).

Андрейковець, Костя & Жартовська, Марія, '«Це погано». Разумков прокоментував відмову підтримати санкції проти каналів Медведчука', Бабель (3. Februar 2021).

Андрейковець, Костя et al, 'Саміт 'нормандської четвірки' в Парижі: Володимир Зеленський обговорив з Володимиром Путіним, Емманюелем Макроном і Ангелою Меркель конфлікт на Донбасі і обмін полоненими. Текстова онлайн-трансляція', Бабель (9. Dezember 2019).

Балачук, Ірина, 'Порошенко розповів, скільки є справ проти нього, і хто за цим стоїть', Українська правда (1. Juli 2020).

Безпалько, Уляна & Лєліч, Мілан, 'Групові ігри. Що відбувається в «Слузі народу» і хто її контролює', РБК-Україна (1. Februar 2021).

Брифінг президента Зеленського за участю іноземних ЗМІ, ТСН (28. Januar 2022).

'«Будь сильним, тримайся»: українські військові стали на захист Зеленського, РБК-Украіна (30. November 2017).

'Буковинські зіркові зустрічі', Володимир Зеленський ч.1, ч. 2, YouTube (2013).

Бутченко, Максим, 'Колишні Зеленського. П'ять звільнених топ-чиновників – про плюси і мінуси президента і перспективу реформ в Україні' (8. November 2020).

Бюллетень Свобода слова. Спецвипуск 51, Харківська правозахисна група (2000).

В Україні щоденна кількість щеплень проти COVID-19 має зрости до 350 тисяч', Офіс Президента України (2. November 2021).

В.Зеленський – про концерт в зоні АТО', Сніданок з 1+1 (21. August 2014).

'Вбити Не Можна Лякати', Свобода слова Савіка Шустера (September 24, 2022).

'Вбити боротьбу з корупцією. Як Конституційний Суд повертає бандитські 90-ті', Українська правда (29. Oktober 2020).

Венеційська комісія радить Україні змінити закон про Конституційний суд', Європейська Правда (10. Dezember 2020).

'Вишинський та Цемах входять до складу осіб, яких відправили до РФ для обміну', ТСН (7. September 2019).

'Вибори президента України. Марафон ТСН', ТСН (21. April 2019).

Відсторонення Тупицького: КСУ проведе збори 5 січня», Укрінформ (30. Dezember 2020).

Володимир Зеленський закликав Януковича врозумітись', ТСН (1. März 2014).

Володимир Зеленський схуднув на 6 кг заради ролі, 1+1 (14. August 2017).

Володимир Зеленський: За два роки в межах програми «Велике будівництво» оновлено й побудовано понад 40% основної мережі доріг України', Офіс Президента України (24. Dezember 2021).

Воробйова, Анна, 'Акторка Олена Кравець: Зеленський досі читає та перевіряє жарти в чатах «Кварталу 95» (6. Oktober 2019).

Войтенко, Костя & Колесниченко, Марина, Володимир Зеленський дав карантинну пресконференцію. Про що говорив президент понад три години – у текстовій трансляції 'Бабеля', Бабель (20. Mai 2020).

Ворона, Валерій (Hrsg.), Українське суспільство: моніторинг соціальних змін. 30 років незалежності. Випуск 8 (Kiew, 2021).

'Головні дебати країни: Зеленський – Порошенко' (YouTube-Kanal) (19. April 2017).

'Держкіно чекає документи на заборону 'Сватів', Укрінформ (24. November 2017).

Добуш, Юстина, 'Всі у захваті від нього? Історія успіху Студії «Квартал-95», Hromadske (8. April 2019).

Ексклюзив ЖВЛ: з якими труднощами зіткнулась Олена Зеленська у статусі першої леді, Життя відомих людей (25. September 2019).

'Етапи дорослішання. Що змінилося в житті і в свідомості українців за 26 років незалежності', НВ (24. August 2017).

Є ознаки узурпації влади: заява правозахисних організацій щодо санкцій проти громадян України', Харківська правозахисна група (6. April 2021).

Євросоюз: Україна має право боротися з каналами Медведчука, але є межі', Європейська Правда (3. Februar 2021).

Жартовська, Марія, '25 днів до виборів президента. Зеленський провів закриту з іноземними журналістами. Ми дізналися, про що вони розмовляли», Бабель (6. März 2019).

«За крок до миру» (YouTube-Kanal) (27. Oktober 2019).

Звернення Президента України Володимира Зеленського до італійців усіх європейців, Офіс Президента України (12. März 2022).

Звернення Президента України щодо ситуації з протидією коронавірусу, Офіс Президента України (29. März 2020).

'Зеленський про конституційну кризу', Свобода слова (2. November 2020).

'Зеленський прокоментував офшори 95 Кварталу: Чесно кажучи, сюжет не дуже', Свобода слова (18. Oktober 2021).

'Зеленський планує в Брюсселі вручити орден віцепрезиденту Єврокомісії', Європейська Правда (5. Oktober 2020).

Зеленський має право розпустити Конституційний суд – представник президента в КСУ Веніславський', Радіо Свобода (11. November 2020).

«Зелена родина ру». Кінобізнес Зеленського у Росії' Радіо Свобода (17. Januar 2019).

'Зробили з РНБО якогось інквізитора': Данілов відповів на претензії Кличка, Unian (Aug 24, 2021).

Зустріч Зеленського з представниками іноземних ЗМІ', ICTV (28. Januar 2022).

Зустріч Президента України Володимира Зеленського з представниками іноземних ЗМІ', Офіс Президента України (12. März 2022).

'Інтерв'ю з першою леді України Оленою Зеленською', Vogue (18. November 2019).

Інтерв'ю Зеленського: Президент розповів про зустріч з Байденом і Путіним, ставлення до Порошенка і долю олігархів, ТСН (24. Juni 2021).

Інавгурація Володимира Зеленського, ТСН (20. Mai 2019).

Інтерв'ю Володимира Зеленського проекту 60 Minutes австралійського телеканалу Nine Network, Офіс Президента України (2. Mai 2022).

Інтерв'ю Володимира Зеленського журналісту грецького суспільного мовника ERT, Офіс Президента (2. Mai 2022).

Калюжна, Анна & Юрченко, Аліса, 'Хто з депутатів в Раді найактивніше відстоює інтереси Ахметова і Коломойського', Bihus.Info (12. Januar 2021).

Карякина, Ангелина & Кутепов, Богдан, 'Теніс, бар і 95 квартал': день у штабі Зеленського, Hromadske (21. April 2019).

'Керівник Венеційської комісії відреагував на законопроєкт Зеленського стосовно КС', Українська правда (31. Oktober 2021).

Климська, Вероніка, 'Як українці стали мільйонерами: сумний досвід 90-х – фото, 24 Канал (2. Juli 2020).

'Кошовий про Зеленського: Він завжди був таким', Телемарафон UAразом (16. März 2022).

Кошкіна, Соня & Базар, Олег, 'Юрій Луценко: Перші гроші в донецьку олігархію завіз Кобзон – з рук кемеровської мафії', LB.ua (30. September 2021).

Красінський, Владислав, 'Пан Секретар. Яку роль Олексій Данілов грає у команді президента', РБК-Україна (13. Juli 2021).

Кравець, Роман & Сарахман, Ельдар, 'Володимир Зеленський: 1 квітня – офігенний день для перемоги клоуна', Українська правда (21. Januar 2019).

Кравець, Роман, 'Олександр Пікалов: Я не бачу для Зеленського шляху назад у 'Квартал', Українська правда (25. Oktober 2021).

Кравець, Роман et al, 'Хотів заразитися коронавірусом. Два дні з президентом Зеленським', Українська правда (9. Juni 2020).

Кізілов, Євген 'Проти Порошенка вже відкрили 58 кримінальних справ – адвокати', Українська правда (18. September 2020).

Кузьменко, Євген, 'Дмитро Разумков: «Більшу частину питань, що розглядаються, ми бачимо в остарій момент перед на РНБО. По-іншому воно, на жаль, не працює', Цензор.нет (2. April 2021).

Кузьменко, Євген, 'Віцеспікерка ВР Олена Кондратюк: «Зараз, на жаль, відбувається імітація парламентаризму. Виглядає, що парламент втрачає велику суб'єктність, яку він мав усі роки»', Цензор. нет (1. Juni 2021).

Литвин, Володимир, 'Акт Проголошення Незалежності України', Енциклопедія історії України (Kiew 2003).

Мельник, Олена, 'У Раді розпалася коаліція. З неї вийшла фракція 'Народний фронт', Бабель (17. Mai 2019).

Мельник, Олена, «Буде ініціювати». Радник Зеленського назвав причини для розпуску Ради', Бабель (17. Mai 2019).

Мельник, Олена, «Фірми на Кіпрі, орендована квартира в Британії та Land Rover. Зеленський вперше показав свою декларацію', Бабель (25. Januar 2019).

Мельник, Олена, 'Зеленський вийшов зі складу кіпрської компанії', Бабель (24. Januar 2019).

'Моніторинг електоральних настроїв українців: січень 2019», Соціологічна група Рейтинг (31. Januar 2019).

'НАБУ відкрило справу проти Нефьодова', РБК-Україна (4. März 2020).

'Наші вдома. Як українські полонені поверталися на Батьківщину' (YouTube-Kanal) (11. September 2019).

«'Навіть бабусі брали каміння'. Евакуйована з Уханя українка заявила, що і шокували протести у Нових Санжарах», НВ (21. Februar 2020).

'На засіданні РНБО Президент України дав доручення невідкладно зареєструвати у Верховній Раді законопроект, у якому передбачається відновлення доброчесності судочинства у Конституційному Суді', Офіс Президента України (19. Februar 2022).

'О. Данілов: Указ Президента України, яким уведено в дію рішення РНБО на підтримку децентралізації, є фундаментальним у взаєминах центральної та місцевої влади, РНБОУ, rnbo.gov.ua (13. August 2021).

Олена Зеленська: інтерв'ю для VIP з Наталією Мосейчук' (13. Mai 2021).

'Олігархи в законі. Кого хоче 'розкуркулити'. Зеленський', Українська правда (3. Juni 2021).

Панфілович, Олег, 'Зеленський поскаржився поліції, що за ним стежать. Правохоронці почали розслідування', Бабель (7. Februar 2019).

Петренко, Роман, «Ми не вірили до останнього»: Єрмак розповів про їхні з Зеленським перші години війни', Українська правда (10. März 2020).

Перелік фізичних та юридичних осіб стосовно яких застосовані обмежувальні заходи (санкції), РНБОУ, rnbo.gov.ua (2017-2021).

Підсумки-2018: громадська думка, Фонд 'Демократичні ініціативи' імені Ілька Кучеріва & Центр Разумкова (28. Dezember 2018).

Пресмарафон Зеленського на Kyiv Food Market, Hromadske (10. Okt. 2019).

Президент України – про посилення обороноздатності держави, Офіс Президента України (24 Februar 2022).

Президент України Володимир Зеленський поспілкувався з представниками західних ЗМІ, Офіс Президента України (3. März 2022).

Президент України підписав указ про відсторонення Олександра Тупицького від посади судді Конституційного Суду строком на два місяці, Офіс Президента України (29. Dezember 2021).

Прес-конференція Володимира Зеленського для представників українських і іжнародних ЗМІ, Офіс Президента України (23. April 2022).

Прес-марафон за участю Володимира Зеленського «30 запитань Президенту України»', Офіс Президента України (26. November 2021).

Проект Закону про відновлення суспільної довіри до конституційного судочинства, Верховна Рада України, rada.gov.ua (9. Oktober 2020).

Проскуряков, Самуїл, 'Біжи, або помреш. В 90-х у Кривому Розі підлітки організовували банди та вбивали один одного – Заборона розповідає їхню історію', Zaborona (15. September 2020).

Промова Президента України Володимира Зеленського перед Конгресом США, Офіс Президента України (16. März 2022).

Промова Президента України Володимира Зеленського в парламенті Норвегії – Стортингу, Офіс Президента України (30. März 2022).

'Порошенко сам фінансував свою виборчу кампанію', Українська правда (1. Mai 2019).

Роднянський: 'Росіянам потрібна національна катастрофа', BBC News Україна (Mai 2022).

Розв'язана Росією війна проти України впливає на глобальну ситуацію – звернення Президента України до співтовариства Foreign Policy Community von Indonesien (FPC)», Офіс Президента України (27. Mai 2022).

РНБО ініціює введення тимчасового керівництва на Укрзалізниці', Українська правда (30. Juli 2021).

Руденко, Анастасія, 'У цій країні можливо по-іншому', День (24. November 2017).

'Секретар РНБО Олексій Данілов, Коли будуть санкції проти Коломойського', Радіо НВ (25. März 2021).

Сидоренко, Сергій, 'Лінас Лінкявічюс: Надто активна боротьба з Порошенком має не дуже добрий запах», Європейська Правда (27. Oktober 2020).

Сидоренко, Сергій, 'Забути все, окрім корупції: як Зеленський вичавив перемогу із саміту Україна-ЄС', Європейська Правда (7. Oktober 2020).

Сидоренко, Сергій, 'Від «Зе» до Порошенка: що думають команди кандатів про НАТО, ЄС, Донбас та реформи', Європейська Правда (25. Februar 2019).

'Скоро буду свистати, – Зеленський розповів, як почав вивчати українську мову', 24 Канал (16. April 2017).

Смолій: Я запитав у президента, чи повинен звільнитись, він відповів «так», Українська правда (6. Juli 2020).

Спецпроект 'Квартал твоєї мрії', 1+1 (16. März 2019).

'Суд зобов'язав фігуранта справи МН17 Цемаха не залишати місце постійного проживання в ОРДЛО', Unian (5. September 2019).

США підтримали санкції України проти каналів Медведчука', Європейська Правда (3. Februar 2021).

Суспільно-Політичні Настрої Населення: Листопад-Грудень 2018 Року', Київський міжнародний інститут соціології (2018).

Тищенко, Катерина, 'В Україні може з'явитися промисловий ліс' – Данілов', Українська правда (22. August 2021).

Тороп, Оксана, 'Олена Зеленська: «Після перемоги Вови хочу писати сценарії для 95 Кварталу»', BBC-Nachrichten Україна (22. April 2019).

'У Києві з'явилися бігборди з Порошенком і Путіним', LB.ua (Apr 9, 2019).

Указипрезидента України № 43/2021, № 477/2021, № 268/2021, № 110/2021, Офіс Президента України (2. Februar 2021, 20. September 2021, 24. Juni 2021, 23. März 2021).

Хоменко, Святослав , 'Олексій Данілов: план росіян був простий – знищення Зеленського', bbc News Україна (14. April 2022).

'Червона лінія. Корупція. Документальний фільм', Українська правда (15. Dezember 2020).

Чи варто Зеленському розпускати Раду та як змусити Путіна до зустрічі в нормандському форматі: інтерв'ю з амбасадоркою Німеччини', ТСН (4. September 2021).

Чому родина Зеленського проти того, аби він пішов на другий термін президентства', Світське життя, YouTube (10. Oktober 2021)

Шаталов, Денис, «Місто кривого Рога. «Козацький міф' на локальному рівні: криворізький випадок.' Частина 1, Historiker (3. Juni 2021).

Шаповал, Катерина '1993 рік. Гіперінфляція. Історія українського бізнесу', Forbes (6. Juli 2021).

Що пообіцяв Байден Зеленському? Чого чекати від США? Відверто про переговори від Оксани Маркарової', Європейська правда (10. September 2021).

'Що Володимир Зеленський пише Олені Кравець?', Зірковий шлях (7. April 2022).

'Що відомо про батьків Зеленського: рідкісні сімейні фото', РБК-Україна (Apr 4, 2019).

'Я повний профан в економіці': у мережу зли прослушку наради Гончарука', Українська правда (15. Januar 2020).

Russischsprachige Quellen

'25 лет референдуму о сохранении СССР', Ельцин Центр (17. März 2016).

'А. Руцкой считает, что Крым должен быть в составе России и подписать федеративный договор', Интерфакс (4. April 1992).

Артисты на дне рождения Януковича напели на $330 тыс', Росбалт (19. Juli 2011).

Андрей Солдатов: Путину боятся рассказывать правду о войне', Популярная Политика, YouTube (27. April 2022).

'Андрей Солдатов: в ФСБ ищут предателей', Популярная Политика (8. April 2022).

Алексей Гончарук', В гостях у Дмитрия Гордона, YouTube (Juli 2020).

Андрей Богдан', В гостях у Дмитрия Гордона, YouTube (September 2020).

Акименко, Александр, 'Самые громкие журналистские расследования, касающиеся украинского президента', Insider (6. Dezember 2013).

Богданов, Владимир, 'Говорит Москва, показывает Киев. Прямой эфир Путина на Украине собрал 80 тысяч вопросов', Российская газета (26. Oktober 2004).

'Б. Ельцин и Л. Кравчук договорились приостановить действие своих указов по Черноморскому Флоту', Интерфакс. Президентский вестник (9. April 1992).

Бандитский Кривбасс. Поименно', Украина Криминальная (13. Mai 2004).

Берите власть ввои руки! Нам с вами будет легче договориться, чем с этой шайкой наркоманов и неонацистов'. Путин призвал украинских военных устроить госпереворот', Meduza (25. Februar 2022).

В России предложили завести уголовные дела против Зеленского и Роговцевой', Гордон (7. Februar 2015).

'Вечернем квартале' высмеяли памятник Ленину, Беркут' и российских журналистов' (12. Dezember 2013).

В спецслужбах идут разговоры, что сУкраиной чтото не так, и винят в этом Путина', Радио Свобода (18. Mai 2022).

Вице-Президент России летит в Крым', Интерфакс (3. April 1992).

Владимир Зеленский – серьезный шутник', Cosmopolitan Ukraine (März 2003).

Владимир Зеленский крестил сына', Главред (20. Mai 2013).

Владимир Зеленский: 'Лицо украинского юмора должно успевать все', Вечерний Томск (29. November 2011).

Владимир Зеленский', В гостях у Дмитрия Гордона (Dezember 2018).

Владимир Зеленский готовится съемкам острой комедии с политическим оттенком. Съемки 40-серийной картины стартуют уже весной', Комсомольская правда в Украине (29. Januar 2015).

Владимир Зеленский: Все имеющиеся деньги мы инвестируем в себя', Amik.ru (11. Dezember 2008).

Владимир Зеленский больше не генеральный продюсер 'Интера', Комсомольская правда в Украине (7. August 2011).

Владимир Зеленский строит семейную идилллию в элитном клубном поселке», ТСН (31. Oktober 2013).

Владимир Зеленский: от выступлений в переходах до «Украинского квартала», Наш Город (18. Oktober 2010).

Выборы президента 2004 года могут стать самыми грязными в истории независимой Украины – эксперты', Интерфакс. Президентский вестник (10. Dezember 2003).

Галаджий, Елена, Так что с миллиардом деревьев и институтом будущего? Как выполняют обещания Зеленского, Комсомольская правда в Украине (21. September 2021).

Григорян, Анна, 'КВН для армян', Планета Диаспора (2. September 2002).

Дмитрий Разумков', В гостях у Дмитрия Гордона, YouTube (Januar 2020).

'Евгений Кошевой', В гостях у Дмитрия Гордона, YouTube (November 2019).

'Евгений Кошевой', Зе Интервьюер, YouTube (31. August 2017).

Ельцин, Борис, Записки президента: Размышления, воспоминания, впечатления (Moskau 2008).

'Если кто-то у украинского народа что-то украл, ондолжен положить это на место'. Данилов пообещал, что СНБО не остановится на введенных санкциях', Гордон (19. Februar 2021).

Жарикова, Анна, 'Для своих я всегда зелёный', Провинция (November 2002).

Жохова, Анастасия, 'Нешуточные деньги: как глава КВН зарабатывает на веселых и находчивых', Forbes (7. August 2013).

Жегулёв, Илья, 'Это не шутка, комик Владимир Зеленский – главный украинский политик', Meduza (1. April 2019).

За глаза. Владимир Зеленский', Интер (2010).

Замгоссекретаря США: в войне в Украине убиты болееe 10 тысяч российских военных. Минобороны РФ сообщало о 1351 погибшем, Current Time (30. März 2022).

'Заявление Ельцина по Черноморскому Флоту', Интерфакс (3. April 1992).

Зеленский любит холить женщин', Блик (1. Dezember 2008).

Зеленский своим указом увеличил штат СНБО и обновил его структуру', Гордон (26. Februar 2021).

Зеленский на Донбассе: Мы должны максимально шатать власть», Spletni.biz (16. April 2014).

'Зеленский и команда придумали для «Интера» 30 новых программ', Комсомольская правда в Украине (27. Dezember 2010).

Зеленский: Буду ли еще баллотироваться? Подумаю. Одного срока недостаточно', Гордон (20. Mai 2020).

Зеленский рассказал, как Янукович пытался закрыть Вечерний квартал', Экономические известия (17. März 2014).

Зыгарь, Михаил, Вся кремлевская рать. Краткая история современной России (Moskau, 2015).

Исполнительная власть РФ делает все для успешного завершения процесса ратификации большого договора между Украиной и Россией – Посол РФ', Интерфакс. Украина (15. Januar 1999).

Кабмин уволил Верланова и Нефьодова, Ліga.net (24. April 2020).

Калинина Екатерина, 'Секрет '95-го квартала', Московский Комсомолец в Кузбасе (Oktober 2001).

'Как звезды шоу-бизнеса относятся к Евромайдану', Дело (13. Dezember 2013).

Касьянов, Георгий, Украина 1991-2007: очерки новейшей истории (2008).

Квартал и его команда (2014).

'Кабмин знает, что делать, но знать – недостаточно, нужно много работать», – Зеленский», Фокус (4. März 2020).

Кигурадзе, Темур, 'Чего ждет Майдан от Петра Порошенко?', bbc News Русская служба (26. Mai 2014).

Коломойский запретил Зеленскому превращать Кернеса в мультперсонаж', Korrespondent.eu (1. November 2013).

Концерты Зеленского по определенным признакам можно считать формой 'гречкосейства', Hromadske (18. März 2019).

Конец 'кнопкодавства' в Раде: почему сенсорную кнопку внедряли 13 лет', Deutsche Welle (4. März 2021).

Кто такой Денис Манжосов и почему возник скандал вокруг Зеленского', 24 Канал (11. April 2019).

Крылова, Ольга, 'Владимир Зеленский одобряет служебные романы', Регион 64 (10. Januar 2013).

Кравчук распорядился о передаче всех дислоцированных на Украине воинских формирований под юрисдикцию Киева', Интерфакс (5. April 1992).

Кучук, Марина, 'Депутаты подали свыше 16.000 правок комойскому' закону: список авторов», Ліга (7. April 2020).

Л. Кучма: никто не заявлял, что У раину хотят видеть в Европейском Союзе', Финмаркет (1. Oktober 2003).

Леонид Кравчук', В гостях у Дмитрия Гордона, YouTube (Oktober 2016).

Лидер движения «Держава» считает, что Совет Федерации не должен ратифицировать договор между Россией и Украиной', Интерфакс (17. Januar 1999).

Лисицын, Николай, 'Зеленский и Вакарчук знают как объединить страну', Комсомольская правда в Украине (18. April 2014).

Лисицын, Николай, 'Зеленский заявил, что Apple поможет Украине провести перепись населения в 2023 году', Комсомольская правда в (30. November 2021).

Мацегора, Екатерина, 'Все обещания Зеленского. Как новый президент будет изменять Украину', Фокус (22. April 2019).

Мартынко, Кристина, 'Зеленский назвал покушение на Шефира 'ценой за преобразования', Комсомольская правда в Украине (23. September 2021).

Медведева, Наталия, 'Пошли против КСУ. Кабмин обязал НАПК немедленно восстановить доступ к реестру деклараций', Ліга.net (29. Oktober 2020).

Медведева, Наталия, 'ЧВК Вагнера. Bellingcat снимает фильм о спецоперации, которую Зеленский отрицает', Ліга.net (22. Dezember 2022).

Мнение знаменитостей о событиях в стране: 'Послеv дождя всегда хорошая погода. Завтра все будет хорошо', Комсомольская правда в Украине (20. Februar 2014).

Навольнева, Ирина, 'Так получилось. Как сериал Слуга народа» сделал шоумена и бизнесмена президентом Украины', Hromadske (18. Juni 2018).

'На какие вопросы об офшорах не ответил Зеленский. Рассказывает участница расследования 'Слідство. Інфо', Current Time (18. Oktober 2021).

Нацсовет не понял юмора', Коммерсантъ Украина (20. Januar 2009).

Николаенко, Татьяна, 'Пришел, избрался, усидел? Правила президентства Петра Порошенко, Ліга. nur (2. Februar 2019).

Николаенко, Татьяна, «Из шоумена в президенты за 90 дней, Правила блицкрига Владимира Зеленского', Ліга.net (27. März 2019)

'Они смеялись за родину. Политический юмор стал в Украине очень востребованным продуктом', Корреспондент.net (24. Januar 2013).

Он идет по жизни, смеясь', Столица (17. Juni 2011).

Офшоры Зеленского: у НАПК к декларации президента претензий нет', Дело (27. Oktober 2021).

Перцев, Андрей, 'Довольных почти нет'. Как утверждают источники «Медузы», за три месяца Путин настроил против себя и 'партию войны', и тех, кто хочет мира. В Кремле надеются, что 'в обозримой перспективе' он уйдет, — и выбирают преемника, *Meduza* (24. Mai 2022).

Передвиборча програма кандидата на пост Президента України Володимира Зеленського' (2019).

Под Минском задержаны 32 боевика иностранной частной военной компании', Belta (29. Juli 2020).

Программы кандидатов: чем отличаются идеи Порошенко и Зеленского', Deutsche Welle (11. April 2019).

Погуляєвський, Марко, 'ЦИК официально объявила о победе Зеленского выборах президента Украины', Hromadske (30. April 2019).

'Подоляк: У Президента есть ряд инструментов, чтобы вернуть в нормальное русло ситуацию с КСУкринформ (29. Oktober 2020).

'Порядочный, честный человек'. Гончарук в прощальной речи расхвалил президента', Фокус (4. März 2020).

Путин, Владимир, 'Обращение Президента Российской Федерации' (21. Februar 2022).

Путин, Владимир, 'Обращение Президента Российской Федерации' (24. Februar 2022).

Путин, Владимир, 'Об историческом единстве русских и украинцев', Администрация президента РФ (12. Juli 2021).

Путин и Кучма договорятся о главном', Российская газета (22. Januar 2004).

Реакция командования Черноморского Флота на указ Кравчука о формировании на его основе bmc Украины», Интерфакс (7. April 1992).

Реакция Петра Порошенко на результаты первого экзит-пола', НВ (21. April 2019).

'Редкий гость в семье Зеленских', Наш Город (22. Oktober 2010).

Рейтинги кандидатов в президенты Украины уже полгода остаются стабильными', Интерфакс. Новости Украины (16. Januar 2004).

Рейн, Настя, 'Правительство для людей'. Кто есть кто в новом Кабинете министров Украины', Фокус (4. März 2020).

Рябошапка о подозрении Порошенко: Это юридический трэш'. Но Венедиктова может его подписать', Фокус (25. März 2020).

СБУ засекретила расследование о прослушке Гончарука', Фокус (31. Januar 2020).

Скляренко, Диана, 'Шоу', Крымская правда (8. August 2007).

Смирнов, Юрий & Шевчук, Сергей, 'Антиколомойский'. закон: Зеленский и Порошенко – за, Коломойский и Тимошенко – против', Ліга.net (13. Mai 2020).

Смирнов, Юрий, 'Слуги народа. Кого Зеленский ведет в Раду: анализ кандидатов', Ліга.net (18. Juni 2019).

'СНБО хочет лишить 'Зеонбуд' монополии на рынке', Гордон (20. März 2021).

Старый-добрый КВН или финансовая пирамида Маслякова', Биржевой Лидер (August 8, 2013).

Солдатов, Андрей & Бороган, Ирина, 'ГРУ выходит на первый план', Agentura.ru (9. Mai 2022).

Солдатов, Андрей & Бороган, Ирина, 'Путин начал чистки в разведке ФСБ', Agentura.ru (11. März 2022).

Старые лица на главном', Коммерсант Украина (23. November 2011).

Студия 'Квартал 95' заработала больше всех за год, а на пятки ей наступает 'Океан Эльзы', Korrespondent. eu (November 28, 2013).

Софиенко, Наталия, 'Иск Приватбанка на $5,5 млрд. Коломойского зовут на рассмотрение дела в Кипр', Ліга.net (20. November 2021).

Софиенко, Наталия, 'Законопроект об олигархах внесен в Верховную Раду: основные положения', Ліга.net (3. Juni 2021).

Софиенко, Наталия, 'Шмыгаль заявил, что экономика Украины начала восстанавливаться после коронакризиса', Ліга.net (2. Februar 2022).

Сысоев, Алексей, 'Владимир Зеленский: Если пойду в политику, 'Квартал' будет шутить надо мной еще похлеще', Комсомольская правда в Украине (24. Januar 2018).

США обеспокоены вмешательством административного ресурса в соревнования политических сил в Украине', Интерфакс. Новости Украины (4. Dezember 2003).

Титко, Алиса, 'Для Донецка '95 квартал' подготовил специальные номера', Комсомольская правда в Украине (15. April 2014).

Тищенко, Марина, '8 марта – не день весны, а бездомный – не бомж: Елена Зеленская презентовала справочник безбарьерности', Комсомольская правда в Украине (28. September 2021).

Ткаченко, Вера, 'Владимир Зеленский ('95 квартал'). Воин смеха (14. Dezember 2008).

Тухлый совок, – журналистка прехалась по «Сватах» и Зеленскому', 24 канал (25. November 2017).

'Украинский фильм 'Любовь в большом городе' – в тройке лидеров по кассовым сборам в Украине в 2009 г.', Интерфакс (13. April 2009).

Фабрика смеха, Веселых и находчивых в Украине десятки тысяч, но только Владимир Зеленский научился шутить на миллионы долларов', Forbes (Januar 2012).

Фильм Любовь в большом городе вошел в тройку лидеров по кассовым сборам', Корреспондент.net (13. April 2009).

Филенко, Дмитрий, 'В Донецке Loboda покажет трюки, Олег Скрипка – линию одежды, а '95-й квартал' объединит страну, Сегодня (1. April 2014).

ФСБ РФ: ответственный сотрудник ведомства находился в Киеве 20-21 февраля', Интерфакс (5. April 2014).

Халупа, Ирена, 'В Украине сатира возрождена, но это редкость на постсоветском пространстве», Радио Азаттык (22. Mai 2009).

Христо Грозев: 'В окружении Путина уже недовольны этой войной', Популярная Политика, YouTube (9. März 2022).

Христо Грозев: 'В ФСБ будут чистки', Популярная Политика, YouTube (13. März 2022).

Хоменко, Святослав, 'Как Леонид Кравчук спорил с Горбачевым, развалил СССР, а в конце прослезился', bbc News Русская служба (8. Dezember 2021).

Хожателева, Юлия, 'Россияне призывают бойкотировать фильм с Зеленским, который называет жителей Донбасса мразями', КП (11. Oktober 2014).

'Что сможет Ющенко, если станет Богом? Эксклюзивное интервью с '95-м кварталом', АТН (15. Dezember 2008).

'Что сказал Владимир Путин украинцам', Коммерсантъ (26. Oktober 2004).

Школьная, Анна, «Интервью с Владимиром Зеленским Не со всеми президентами я был в хороших отношениях', Сегодня (10. November 2015).

Школьная, Анна, 'Зеленский впервые прокоментировал скандал со снятием 'Квартала' с эфира», Сегодня (13. November 2015).

Школьная, Анна, 'Зеленский: 'Мы устали снимать в проектах российских звезд', Like.lb.ua (7. Oktober 2013).

Щурко, Сергей, 'Владимир Зеленский: 'Не дай бог, Акиньшина была бы нашей стороне...', Pressball (14. Oktober 2014).

Это война, которую нельзя проиграть – полный текст интервью Владимира и Елены Зеленских', Свобода слова (21. Mai 2022).

Юдин, Денис, 'Показ фильма 'Офшор 95' о Зеленском хотели сорвать, но передумали', Ліга.net (3. Oktober 2021).

Юрий Лужков: Почему нельзя подписывать договор с Украиной', Московский комсолец (28. Januar 1999).

Я понимаю, вы должны шутить, но иногда вы это делаете так по-свински'. Актер Великий прокомментировал «обиды» Зеленского на «Квартал 95', Гордон (9. November 2021).

Янукович пожаловался Меркель на «очень сильную Россию', LB.ua (29. November 2013).

Янукович и Ко за три года украли около $40 миллиардов – Петренко', Укринформ (25. Mai 2017).

Andere Quellen

Diener des Volkes, Parteitag 2. Oktober 2021, Liveblog der Party.

Dokumentarfilm »Sloeha Narodoe«. Postscriptum, YouTube (11. Dezember 2015).

Kvartal 95, YouTube (1999 – 2003).

Podoljak, Mychajlo, Nachricht auf Facebook (13. Februar 2021).

Putin, Wladimir, Pressekonferenz am 4. März 2014, Website Präsident der Russischen Föderation.

Poroschenko, Petro, »Rede an die Nation«, Facebook (18. April 2021).

Sloeha Narodoe [Diener des Volkes], erste Staffel, YouTube (2016).

Sternenko, Serhij, Nachricht auf Telegram (18. Februar 2022).

Streitkräfte der Ukraine, Beiträge auf Facebook und der eigenen Website. Berichte von Fans von Selenskyj, kvartal95.

narod.ru über archive.org (2002 – 2004).

Vetsjerny Kvartal, Sendungen (2004 –2022).

Selenskyj, Volodymyr, Beiträge auf Twitter, Facebook, Instagram und Telegram (2017 – 2022).

Edel Books
Ein Verlag der Edel Verlagsgruppe

© 2022 Edel Verlagsgruppe GmbH
Neumühlen 17, 22763 Hamburg
www.edelbooks.com

Titel der Originalausgabe: Zelensky. De oorlogspresident
© 2022 Steven Derix und Marina Shelkunova
Alfabet Uitgevers 2022

Übersetzungsredaktion: Andreas Feßer
Projektkoordination: Dr. Marten Brandt
Korrektorat: Ursula Junger
Layout und Satz: Datagrafix GSP GmbH, Berlin | www.datagrafix.com
Umschlaggestaltung: Felix Schlüter, typeholics
Gestaltung der Bildstrecke: Groothuis. Gesellschaft der Ideen und Passionen mbH | www.groothuis.de
Lithografie: Frische Grafik, Hamburg

Druck und Bindung: GGP Media GmbH, Pößneck

Alle Rechte vorbehalten. All rights reserved. Das Werk darf – auch teilweise – nur mit Genehmigung des Verlages wiedergegeben werden.

Printed in Germany

ISBN 978-3-8419-0829-2